AF370523

Antonio Mira de Amescua

El rico avariento, o la vida y muerte de san Lázaro

Edición de Vern Williamson

Barcelona **2024**
Linkgua-ediciones.com

Créditos

Título original: El rico avariento, o la vida y muerte de san Lázaro.

© 2024, Red ediciones S.L.

e-mail: info@linkgua.com

Diseño de cubierta: Michel Mallard.

ISBN tapa dura: 978-84-1126-201-9.
ISBN rústica: 978-84-9816-087-1.
ISBN ebook: 978-84-9897-562-8.

Sumario

Brevísima presentación

La vida

Antonio Mira de Amescua (Guadix, Granada, c. 1574-1644). España. De familia noble, estudió teología en Guadix y Granada, mezclando su sacerdocio con su dedicación a la literatura. Estuvo en Nápoles al servicio del conde de Lemos y luego vivió en Madrid, donde participó en justas poéticas y fiestas cortesanas.

Personajes

Nabal, el rico
Lázaro, galán
Jordán, lacayo
Baltasar, criado
Padre de Abigaíl
José, primo de Abigaíl
Abigaíl, dama
Ana, criada,
Custodio, ángel
Demonio
Dos criados
Músicos

Jornada primera

(Salen Nabal y Jordán, lacayo.)

Nabal   Deja que blasfemias diga.

Jordán   No has de decir tal blasfemia.

Nabal   Si Dios con trabajos premia,
                         ¿qué dará cuando castiga?

Jordán   Consolémonos los dos
                         que hambres pasamos iguales,
                         y en los bienes y en los males
                         gracias le demos a Dios.

Nabal   ¡Que dé gracias me aconsejas
                         a Dios de ser pobre! ¡Bueno!
                         De rabia y de afrenta lleno
                         le daré voces y quejas.
                           El rico soberbio y vano
                         se las dé; que yo afligido
                         solamente he recibido
                         pesadumbres de su mano.
                           Gracias dé el favorecido;
                         que yo, que no soy dichoso,
                         si le doy gracias quejoso,
                         ¿qué le daré agradecido?
                           En vano intentas, Jordán
                         importuno, aconsejarme;
                         que para desesperarme
                         tus consejos servirán.
                           Tales efectos se ven
                         de ardor que en mi pecho lidia;

muero rabiando de envidia
si miro el ajeno bien.
　　¡Qué en pesar tan riguroso
para aumentar mi desvelo
conmigo es avaro el cielo
y con los demás piadoso!
　　Pues su mano —¡pena rara!—
para hacer mayor mi mal
es con todos liberal,
y solo conmigo avara.
　　Todo me falta, ¡ay de mí!
Ninguna hacienda poseo.
Pobre y mísero me veo.

Jordán

Eso es peor para mí.
　　Que me admire, señor, deja,
de oírte este sentimiento.
¿En vez de agradecimiento,
del cielo previenes queja?
　　Tan pobre como tú estoy
pues sin esperanza alguna
sigo tu misma fortuna;
y al cielo gracias le doy.
　　Repara alabanzas tantas
que a su criador dan leales
sensitivos animales
y vegetativas plantas.
　　Todos en su estado viven
conformemente contentos,
porque en agradecimientos
retornan lo que reciben.
　　Y así es justo que me asombre
que en instinto natural
agradezca un animal

y llegue a ignorar un hombre.

Nabal   Ya persuadirme no es bien
cuando estoy desesperado.
Yo solo soy desdichado;
todos dichosos se ven.
    Nace una fuente, y apenas
brota la líquida plata
cuando arroyo se desata
entre doradas arenas,
    y aunque en humildes raudales
antes corrió bullicioso,
río le forman undoso
los adquiridos cristales.
    Y después que llega a estar
rico de inmensa corriente,
el que nació pobre fuente
muere caudaloso mar.
    Nace en el verde botón
aprisionada la rosa
y después con pompa hermosa
es del prado ostentación.
    En suave fragrancia crece,
y, de las perlas que llora,
liberal, la aurora
rico tesoro le ofrece.
    Sale el Sol con brilladores
rayos de la blanca espuma
para dar belleza suma
a las plantas y a las flores;
    pues con el claro arrebol
que pródigo se acredita,
cuánto la noche marchita,
tanto reverdece el Sol.

            ¿Y yo en pena rigurosa?
            Tal pobreza me fastidia
            que llego a tener envidia
            del Sol, la fuente y la rosa.

Jordán   Ten, señor, más confianza
            aunque el hado te persigue,
            porque todo lo consigue
            la paciencia y la esperanza;
                que aunque tu pena importuna
            durar se ve de este modo,
            el tiempo lo muda todo
            y lo acaba la Fortuna.
                No hagas extremos tales,
            y estos trabajos que tienes
            recíbelos tú por bienes
            y dejarán de ser males.

Nabal   Enigmas me estás diciendo.
            Yo no entiendo esos amores,
            que no quiero esos favores
            del cielo. No los pretendo.
                Soy hombre muy liberal:
            a ningún mal quiero bien,
            el bien admito por bien
            y el mal recibo por mal.
                ¿Regalos de Dios se llaman
            los males que desestiman,
            las miserias que lastiman,
            las desventuras que infaman?
                Si Dios tiene tanta cuenta
            con el pobre, ¿para qué,
            adventurando su fe,
            le da por vida una afrenta?

Jordán   El que es bueno, ¿no está lleno
          de bien?

Nabal   Sí.

Jordán   Luego la queja
          ya es injusta, pues le deja
          Dios poder para ser bueno.

Nabal   Yo estoy de pobreza loco.
          Solo conozco, y me fundo
          en que yo soy en el mundo
          quien debe al cielo más poco.

Jordán   Tus discursos son ajenos
          de hombre. Si eres desdichado,
          yo que nací tu criado,
          seré quien le debe menos.
             No has hecho tanto por mí.
          Mira cual somos los dos:
          que tú no sufres a Dios,
          y yo te he sufrido a ti.
             Dale, pese a Bercebú,
          gracias de que no eres yo;
          que ya mi amor se las dio
          de que no soy como tú.

Nabal   Eres tú muy virtuoso.

Jordán   Yo que a ser pobre he llegado,
          estoy de mí lastimado
          mas no del cielo quejoso.

Nabal   Yo no diera sentimientos

al cielo en cosa ninguna
si con mi baja fortuna
midiera mis pensamientos.

   Ya que pobre nací yo,
sin gusto y amor naciera
porque pobre me sufriera,
¡mas pobre y amante, no!

   ¿Qué concierto, qué armonía
harán, de apetitos llenos,
bienes que son tan ajenos
y desdicha que es tan mía?

   Si a la hermosa Abigaíl
quiero ver, en mis enojos,
se oponen luego a mis ojos
nubes de pobreza vil.

   Si en pasión tan ciega y loca
quiero pedir su belleza,
luego pone mi pobreza
lazos de miedo a mi boca.

   Aquí del templo, a la puerta,
triste aguardo su hermosura
con una muerte segura
y una vida muy incierta.

   Sentiré, de verme, enojos;
que en la mujer ¿qué rigor
tiene crédito mayor?
¡La ignorancia de los ojos!

  ¡Qué interesable y terrible!
Piensa con villano modo
que para los pobres todo
lo hizo Dios imposible.

Jordán   ¿Cómo sabes que ha de ser
                     mujer tan noble y amable,

y tan bella, interesable?

Nabal

¡Ay, Jordán, como es mujer!

(Salen Lázaro muy galán y Baltasar, su criado.)

Lázaro

    ¡Qué honesta, qué virtuosa
es Abigaíl! Que fuera,
si honestidad no tuviera,
una culpa el ser hermosa.
    Su belleza y su cordura
me agrada con igualdad,
que a faltar la honestidad
me ofendiera su hermosura.

Baltasar

    Tiene fama generosa
en todo Jerusalén.

Lázaro

Es el vivir y obrar bien
más beldad que el ser hermosa.

Nabal

    Ya ha venido este enfadoso.
Éste puede a Dios muy bien
dar gracias. ¡Miren en quien
pone el cielo el ser dichoso!
    ¡Qué tanto a Lázaro sobre
y tanto me falte a mí!

Jordán

¿Lázaro se llama?

Nabal

          Sí.

Jordán

¡Lindo nombre para pobre!
    Don Lázaro suena mal.

¿Y es muy rico?

Nabal   Cosa es clara,
si es necio.

Jordán   Yo le llamara
el Caballero Hospital.
El será muy virtuoso
pues tanto llega a tener.

Nabal   ¿Quién dice que es menester
virtud para ser dichoso?
Antes sigue la desdicha
a la virtud, que si fuera
tal que méritos pidiera,
¡qué pocos tuvieron dicha!

(Sale Abigaíl con manto y Ana, su criada.)

Abigaíl   ¡Hermosas damas!

Ana   Entre ellas
en el templo has parecido
la hermosa.

Abigaíl   Dirás que he sido
un Sol en tantas estrellas.
A lisonjas te acomodas.
Eso no me lisonjea.
No quiero tener de fea
que me lo parezcan todas.
Quien tiene mayor beldad
hable con menos mentira,
y quien sin envidia mira

juzga con mayor piedad.
    Tuya la censura sea,
porque en juzgar de lo hermoso
es siempre el más riguroso
el tribunal de una fea.
    Nada miro con desdén;
no hay en mí soberbia alguna.
Como no envidio a ninguna
todas me parecen bien.

Lázaro

    Si es tan bella una criatura
y merece tanto amor,
¿cuál será de su criador
la celestial hermosura?
    Bien parece imagen suya
su divina cara hermosa.
¡Oh, mil veces tú dichosa!,
si es tan bella el alma tuya;
    mas beldad tan peregrina
santa será. Es cosa llana.
Si es la caja más que humana
la joya será divina.

Nabal

    ¿No es hermosa Abigaíl?
¿Qué dices? ¡Por vida mía!

Jordán

Digo que con ser judía
me ha parecido gentil.
    ¿Qué te suspendes?

Nabal

                    Repara
en tan bella gentileza,
que el cielo armó de belleza
los peligros de su cara.

¡Qué tiernos, qué dulces brazos,
para amistades posibles!
¡Qué blandas y qué apacibles
las prisiones de sus lazos!
   ¡Qué presto ardiente y robusto
robara, a tener ventura,
el campo de su hermosura
con ejércitos de gusto!

Jordán   Pías consideraciones
has hecho.

Nabal   Todos me crean,
que solo mientras desean
son fuego los corazones.
(Acompáñala Lázaro.)   Mira como la acompaña
y ella admite su locura;
que de la hacienda y ventura
aún la sombra solo engaña.

Abigaíl   No habéis de pasar de aquí.
¡Por mi vida! No paséis
que para que vos me honréis
no hallo méritos en mí.

Lázaro   No dejaros determino,
que voy respetando en vos
de las fábricas de Dios
un edificio divino.

Nabal   Siempre seguirla procura.

Abigaíl   Como noble sois cortés.

Nabal   Mal haya tanto interés.

Lázaro   Bien haya tanta hermosura.

(Vanse Abigaíl, Lázaro, Ana y Baltasar.)

Nabal   ¡Cuánto la riqueza engaña!
                           ¡Oh, qué de afrentas que paso!
                           ¡Qué de mí no hicieron caso!
                           ¡Soberbia y locura extraña!
                            ¡Qué cosa más desvalida!
                           Y lo que pobre se vive
                           no sé yo quien lo recibe
                           para en cuenta de la vida.
                             ¡Ah, mujeres codiciosas!
                           ¡Ah, ricos locos y altivos!
                           ¡Los más viles más esquivos,
                           más necias, las más hermosas!
                             ¿Sálvase el pobre?

Jordán   ¿Estás loco?
                         Antes los más ricos vienen
                         a peligrar, porque tienen
                         en qué merecer más poco.
                           Para todos igualmente
                         seguro el salvarse está,
                         el rico por lo que da
                         y el pobre por lo que siente.
                           A todos el cielo aguarda,
                         no hay sobornar su favor,
                         que para el grande y menor
                         hay sus ángeles de guarda.

Nabal   Mientes, miente tu simpleza.

¡Ángel el pobre! Me fundo
en que no se vio en el mundo
más ángel que la riqueza.

Jordán   De tus locuras me espanto.

Nabal   Jordán, si rico me viera,
mejor que Lázaro fuera,
que tiene fama de santo.

Jordán   Será mayor tu crueldad,
pues quien con tanta inclemencia
pobre no tiene paciencia,
rico no tendrá piedad.

Nabal   Salvarme pobre y con penas,
difícil es.

Jordán   ¡Grave exceso
de impiedad! Mas dar en eso
encierra dos cosas buenas.
   Escúchalas brevemente;
porque si das en discreto,
en dichoso, en ser perfeto,
en lindo, en sabio, en valiente,
   podrás quererlo y no sello;
mas si dieres en decir
que a los infiernos te has de ir,
luego te saldrás con ello,
   y en dolor tan importuno
otra cosa mejor tienes,
que para que te condenes
no has menester a ninguno.

Nabal   Si no soy rico, no siento
                         modo de salvarme.

Jordán   Tente;
                         que si eres pobre impaciente,
                         serás un rico avariento.

(Sale Custodio, de peregrino o pobre.)

Custodio (Aparte.)   (De este bárbaro cruel
                         confundir quiero, y que vea
                         que aún hay quien más pobre sea,
                         pues remedio espera en él.
                             Mi paciencia en su rigor
                         ha de enseñarle a sufrir,
                         pues no ha llegado a pedir
                         que es la desdicha mayor.)
                             A este pobre peregrino
                         dad limosna, por amor...

Nabal   ¡Ay, rabia! ¡Ay, pena mayor!
                         ¡Ay, desdicha! ¡Ay, desatino!
                             ¿Limosna yo? ¡Cielo airado!
                         Llegue y partiré con él
                         rabia y envidia cruel;
                         que es lo que el cielo me ha dado.
                             ¿Qué me tienta y me provoca?
                         Si con esta impertinencia
                         quiere probar mi paciencia,
                         ya se ve que tengo poca.

Jordán   Que perdone le suplico;
                         que es tan pobre, y no se asombre
(Aparte.)   este buen... (Digo mal.)

                    ...hombre,
que hasta un Lázaro es más rico.
   Pero aunque en esta ciudad
tantas sus miserias son,
es más pobre de razón,
de paciencia y de piedad.

Nabal   No soy pobre, soy demonio.
Infame nombre me das.

Jordán   Créalo porque jamás
se levanta testimonio.

Nabal   ¿Limosna a mí? ¡Vagamundo!

Custodio   Que eres pobre, yo lo creo,
mas de hacer bien el deseo
a nadie faltó en el mundo.
   ¿Cuándo al pobre no se ayuda
y sin limosna se deja?
Ya que fue sorda la queja,
la lengua parezca muda.

Nabal   Tras ser pobre imaginero,
y bachiller y enfadoso,
da en necio. ¡Qué virtuoso!
¡Qué cansado consejero!
   Vaya con Dios.

Custodio   ¡Qué impiedad!

Jordán (Aparte.)   (Con Dios dijo. A fe que es dicha.)

Custodio   Pobre y necio, ¡qué desdicha!

Nabal   ¿Porfía tu necedad?

Custodio   ¿Así un pobre se despide?

(Vase.)

Nabal   De su agravio así me vengo,
                         pues los bienes que no tengo
                         me acuerda quien me los pide.

(Sale Lázaro con un bolsillo.)

Lázaro (Aparte.)   (Paréceme que miré
                         a Nabal con gran tristeza.
                         ¿Si es la causa la pobreza?
                         Pero, ¿quién triste se ve
                         —iay Dios!, aunque pobre esté—
                         si Dios la pobreza envía?
                         ¡Oh, si quisiese algún día
                         en santa necesidad
                         ya que sabe mi piedad
                         probar la paciencia mía!
                            Quisiera dar a Nabal
                         algún socorro, y sí pruebo,
                         sin que él pida. No me atrevo;
                         que puede llevarlo mal,
                         Mas no hay bien al bien igual
                         si ha de costar que se pida;
                         que en la honra introducida,
                         aun recibir, que es mejor,
                         cuesta mucho del honor,
                         de la paciencia y la vida.
                            Un cuerdo modo he buscado
                         con que poderle ayudar;

que aun de pedir y tomar
no quiero darle cuidado.)
Nabal, amigo.

Nabal (Aparte.)   (Agraviado
estoy de que éste hable así.)

Lázaro   Huélgome de verte aquí.
¿Cómo estás? ¡Suerte dichosa
es la mía! Di.

Nabal (Aparte.)   (¡Qué cosa
tan cansada para mí!)

Lázaro   Esta bolsa a la salida
del templo topé. Si acaso,
Nabal, has de estar al paso,
hazme merced, por tu vida,
que si hubiere quien la pida
o la busque, se la des
si las señas ciertas ves;
que a un negocio voy y es tarde.
Perdóname. Dios te guarde.

Jordán   ¡Qué discreto! ¡Qué cortés!

Nabal   Harélo así.

Lázaro (Aparte.)   (Alegre está.)
Si no viniere por ella,
Nabal, quédate con ella,
que Dios quizá te la da.

(Vase.)

Jordán   Bolsa tienes. Guardalá.

Nabal   ¿Restituiréla?

Jordán   Menguado,
                    ¿eso dices?

Nabal   ¿Y lo honrado
                    y lo perfecto también?

Jordán   Ninguno es hombre de bien
                    en dinero de contado.

Nabal   Nada el pobre ha de tener;
                    todo el rico lo ha de hallar.
                    ¿Siempre al pobre han de durar
                    las injurias del nacer?
                    ¡Bolsa a mí! ¿Qué puede ser?
                    Ya lo sé, que me da pena,
                    que restituirme ordena
                    éste algún dinero a mí;
                    que los más de ellos así
                    son ricos de hacienda ajena.

(Sale Custodio.)

Custodio   Agora limosna espero
                    de tu mano generosa
                    que ya puede ser piadosa.

Nabal   ¡Qué presto que olió el dinero!
                    Ni me da gusto, ni quiero.

Custodio   ¡Por amor de Dios!

Nabal   ¡Por vida!
                          ¡Ah, pobreza aborrecida!
                          Más quisiera no tenello
                          que estar sujeto con ello
                          a que un pobre me lo pida.

Custodio   Mira, como tienes ya
                          qué dar, y estás más tirano,
                          más fiero y más inhumano.

Nabal   ¡Qué necio y pesado está!

Custodio   Castigo tuyo será
                          ser rico, que un pecador
                          con la abundancia es peor,
                          y peca con más licencia;
                          y lo que ha sido impaciencia
                          es soberbia y es rigor.

(Aparte.)   (Custodio soy y ángel bueno
                          de este infiel, que en tanto engaño
                          se verá, para más daño,
                          de bienes del mundo lleno.
                          Que entrar no puede en el seno
                          de Abrahán tanta avaricia.
                          Mi Dios, si por su codicia
                          no llevare mi verdad,
                          fruto para tu piedad,
                          llevaréla a tu justicia.)

(Vase.)

Nabal   Si el pobre me ha de cansar,
                          Jordán, más quiero sufrir
                          la bajeza del pedir

que la nobleza del dar.
Si a rico puedo llegar,
será regalado, entiendo,
mi cuerpo, mi bien eterno,
que otro Dios mi vida ignora
y no hay más Dios.

Jordán   Desde agora
pido albricias al infierno.

(Vanse y salen José y Abigaíl.)

José   Bellísima Abigaíl,
de quien aprenden colores
para matizar sus flores
los pinceles del abril,
amor es flecha sutil
que en mi alma va formando
tu bella imagen, y cuando
la adora, amante y fiel,
como es flecha y es pincel
va rompiendo y va pintando.
    Tu primo soy, y la parte
de tu sangre fiel, sin duda,
que a las estrellas ayuda
a inclinarme para amarte.
Amor es puro, y sin arte.
Las fuerzas del alma empleo
en amar el bien que veo,
y como es casto el ardor,
nunca manchan este amor
la esperanza ni el deseo.

Abigaíl   José, amarme pudieras

sin darme noticia a mí
de esos amores; que así
verdadero amante fueras,
pues que premio no quisieras;
que amor que se da a entender,
claro está, que quiere ver
premio que le satisfaga;
y amar pretendiendo paga
no es amar sino querer.

José   ¡Oh, qué sutil diferencia
entre el querer y el amar!
¿De modo que he de callar
un amor que no es violencia?

Abigaíl   O busca correspondencia
o quiere agradecimiento
quien dice su sentimiento;
y si el fin que amor buscó
es puro amor, mal amó
quien no calla su tormento.

José   ¡Extraña filosofía
y sofísticos extremos!
Pues que amando a Dios, queremos
que él nos ame, y no sería
razón que en el alma mía
tan bárbaro amor cupiera
que la ley de amor rompiera
y en sí mismo reprimido
no quisiera ser sabido
ni ser pagado quisiera.

Abigaíl   Diferencia no has hallado

entre el amor y el deseo
si tiene amor por trofeo
ser sabido y ser pagado.

José   ¿Amor, lo que ha deseado,
cómo a su efecto contiene?
Mas, ¡ay!, que Lázaro viene
a interrumpir mi razón.

Abigaíl   Los celos envidia son.
El celoso envida tiene.

José   ¿Qué amante no fue celoso?

Abigaíl   No me permiten los cielos
amor de quien nacen celos,
ni amante que es envidioso.

José   Luego ¿perdí temeroso
lo que ganaba atrevido,
o porque el otro ha venido
pierdo el bien que amor concede?

Abigaíl   No, que perderse no puede
lo que no estaba adquirido.

(Sale Lázaro.)

Lázaro   La buena conversación
que entre los dos considero
me alegra tanto, que espero
celebrar esta ocasión.
Primos, las almas que son
de Dios imágenes bellas,

como del Sol las estrellas,
gozan sus rayos supremos,
y así los hombres debemos
comunicarnos con ellas.
    Proseguid. ¿De qué se trata?

Abigaíl

Del amor honesto.

Lázaro

    Bien.
Yo os amo, prima también
de este modo, y me arrebata
el alma beldad tan grata,
que la de Dios considero.
Y en amor tan verdadero
que nos lleva el alma a Dios
bien podéis hablar los dos.
Proseguid, que escuchar quiero.

Abigaíl

    ¿Luego, amado, tú no sientes
el tener competidor
en la causa de tu amor?

Lázaro

No, que fueran accidentes
de firme amor, varias gentes,
reinos, climas, paralelos,
la tierra, el mar y los cielos.
En todos su luz influye
y ni el Sol se dio ni huye,
ni a los que alumbra da celos.

Abigaíl

    ¿Ves, José, como este amor
tiene calidad más pura?

José

¿El amor de la criatura

no ha de tener el valor
que el de Dios?

Lázaro   Ése es error
porque la hermosura humana
aunque nos parece vana
es un retrato, un espejo,
un relámpago, un bosquejo,
de la beldad soberana.
    Un arroyo, ¿no es tesoro
dulce, hermoso y transparente
del ruido de una fuente?
Y luego, en arenas de oro
es instrumento sonoro
que alaba su original,
haciendo un son natural
a los pájaros cantores,
con lazo y traste de flores,
y con cuerdas de cristal.
    Los once cielos, aquellas
esferas y orbes supremos
en quien tachonadas vemos
mil y veinte y dos estrellas,
¡qué por imágenes bellas
y la fábrica exterior
que nos descubre el valor
que hay dentro y nos asegura
que aunque es grande su hermosura,
la del imperio es mayor!
    Cualquiera mortal belleza
de Dios su principio tiene,
y derivándose viene
a nuestra naturaleza.
Es inmensa su grandeza

de suerte que no declina,
y así amor que nos inclina
a la hermosura mortal
ha de ser amor igual
al amor de la divina.

Abigaíl   Ésa es honesta opinión.

José   Es rico y tú eres mujer.
                    Bien claro está que ha de ser
                    preferida su razón.

Abigaíl   Primo, estos celos no son
                    dignos de un amor honesto.

(Salen Nabal y Jordán.)

Jordán   Ocupado está ya el puesto.
                    Poco lugar te darán
                    entre un rico y un galán.

Nabal   La dicha he de obrar en esto.

Jordán   Yo pienso que en este amor,
                    solo el dichoso has de ser;
                    porque en efecto es mujer
                    y escogerá lo peor.

Nabal   Siempre vienes de este humor.

Jordán   Todos somos maldicientes
                    a tu sombra.

Nabal   Si consientes

una demanda cortés,
ya que somos todos tres
de una tribu y tus parientes.
   Yo, señora, te suplico
que des de esposa la mano
hoy al deudo más cercano
o ya sea pobre o ya rico.
Así mi amor significo.

Abigaíl   ¡Extraña resolución!

Nabal   Es éste mi condición,
y siendo ardiente un deseo
ninguna esperanza veo
que me dé satisfacción.

Abigaíl   Aún no da prisa mi edad
para que yo tome estado,
y Dios tendrá ese cuidado
pues tiene mi voluntad.

José   ¿Cómo cabe en tu beldad
tal esquivez, tal rigor?
Dale siquiera un favor
al que más te estima y quiere,
porque cortésmente espere
premio de este honesto amor.

(Quítase una flor con tres cintas: verde, encarnada y blanca.)

Abigaíl   Este lazo y esta rosa,
que de colores distintas
forman y tejen tres cintas,
daré afable y generosa,

aunque no en señal de esposa,
al que probare mejor
que merece mi favor.

Lázaro (Aparte.)   (Es discreta Abigaíl.)
Tu entendimiento es sutil
como es inmenso tu honor.

Jordán   ¡Oh, qué bellas necedades
dirán agora los tres!

Nabal   En el hombre el valor es
de más altas calidades
que riquezas ni beldades.
Ni soy rico ni galán,
mas tan unidos están
el amor y ánimo en mí
que esa rosa merecí.

Jordán   Pienso que no se la dan.

Abigaíl   ¡Qué soberbia presunción!
Diga, José.

José   Yo me ofrezco
a probar que la merezco
con una fuerte razón.
Cuantas damas ve Sión
me han estimado, y querido.
Pagué a todas con olvido,
a ti sola con cuidado.
Luego, mucho te he obligado.

Jordán   También éste la ha perdido.

Abigaíl   ¡Galán desvanecimiento!

Lázaro   Yo, aunque tu amante me llamo,
               tan sin esperanzas amo,
               que ni tengo atrevimiento
               a pedirla, ni en mí siento
               razón para merecella.
               Quédate, prima, con ella,
               que habiéndola de estimar
               por ser tuya, ¿qué lugar
               podré darle, o qué tesoro,
               donde esté con más decoro
               que en ti misma?

Abigaíl   ¡Esto es amar!
                 Yo la recibo y me voy,
               que están mis padres esperando.

[Vanse Abigaíl y Ana.]

Jordán   ¡Cuál se la quedan mirando
               los tres! Riéndome estoy.

Lázaro   Nabal, José, queda en paz.

[Vase Lázaro.]

Nabal   ¡Vive Dios, que me fastidia
               su humildad! Todo es envidia.

Jordán   El Lázaro es muy sagaz.
                 ¡Con qué discreción...

José   Yo siento...

Jordán	...se despidió!

José	... con enojos, que nos quebrase los ojos.

Nabal   Tormento añado a tormento.

José   De los tres es el dichoso.
Aquí no hay más que esperar.
Yo me voy.

[Vase José.]

Nabal   Todo es pesar.

Jordán   Parece que va celoso.
Buenos habemos quedado,
como dicen a la Luna.

Nabal   Maldiga Dios mi fortuna.
¡En todo soy desdichado!

Jordán   Señor, ya reparo en ello.
De tu original pecado
participo por criado
sin comerlo y bebello.
Tu mismo error te condena.

Nabal   No es olvidarla posible.

Jordán   ¿No miras que es invencible?

Nabal   Más invencible es mi pena.

Jordán
　　　　　Pues, siguiendo su desdén
vendrás, señor, a quedar
sin ella y con gran pesar.
Mirad con quién y sin quién.
　　Mas yo, aunque tan poco valgo,
si en este empeño me hallara,
luego al punto la enviara...

Nabal
¿A dónde?

Jordán
　　　　　　...a espulgar un galgo;
que es lo demás necedad.

Nabal
Más disparates no digas;
que en vano a mudanza obligas
mi constante voluntad.
　　Dé Abigaíl los amores.
Rendido de su belleza,
aunque miro su entereza,
aunque advierto sus rigores,
　　aunque su virtud no ignoro,
y su favor no merezco,
sus desprecios apetezco,
sus desdenes enamoro,
　　sin que pueda resistir
en mi amante desear
un bien que todo es penar,
un mal que todo es morir.

Jordán
　　　　Bien se ve.

Nabal
　　　　　　　¡Qué pena tal
es rabia!

Jordán   Pues, saludarse;
                 que puede ese mal pegarse
                 y es incurable ese mal.

Nabal   Ya hallé medio.

Jordán   ¿Cuál será
                 si tu locura se advierte?

Nabal   Darme a mí mismo la muerte.

Jordán   ¡Oh, qué bien pensado está!
                    Alabo tu buen intento
                 y puedes ir consolado
                 que no has pagado criado
                 ni hecho ningún testamento.
                    Esta acción que haciendo estás
                 no es acción que te alborote.
                 Un bobo de capirote
                 no pudiera decir más.

Nabal   Jordán, ¿qué tengo de hacer?

Jordán   Que moderes la porfía
                 aconsejarte quería.

Nabal   ¿Qué no causa una mujer?
                    ¿Cómo saldré de esta calmá?

Jordán   ¿Cómo? ¡Muy fácil, señor!
                 Dejar de tener amor,
                 que es pesadilla del alma.
                    Yo quiero darte un consejo.

Nabal   Ninguno habrá que me cuadre.

Jordán   Ve y pídesela a su padre.

Nabal   Soy pobre y es rico el viejo;
                                   pero tu consejo aquí
                               elijo por mejor suerte.

Jordán   Mejor es que darte muerte.

Nabal   Pues, Jordán, vente tras mí.

(Vanse. Salen Lázaro con un papel, y Baltasar.)

Lázaro   Baltasar, yo deseo
                                hacer bien a Nabal, y dudo el modo.

Baltasar   Señor, a un hombre ingrato,
                               soberbio y sin piedad, ¿cómo te inclinas?
                               Siendo opuestos los dos, ¡qué estrellas pueden
                               con sus luces divinas
                               hacer bien a un tirano?

Lázaro   Maravillas de Dios, rey soberano.
                               No debemos los hombres,
                               mayormente los ricos,
                               examinar las almas y conciencias
                               de los pobres a quien tan de justicia
                               se debe la limosna.
                               ¿Qué piensas tú que son los que son ricos?
                               Mayordomos de Dios, dispensadores
                               que su hacienda administran
                               repartiéndola bien entre los pobres.
                               Nabal es noble, y de mi misma tribu,

y quizá la pobreza
le da con la condición su aspereza.
Podrá ser que teniendo más descanso
reduzca sus costumbres dulce y manso.

Baltasar

Pues bien, ¿y cómo piensas,
si él no te pide nada,
hacerle bien alguno?

Lázaro

Esta dificultad tengo mirada;
que dar a quien no pide algunas veces
es dar vergüenza y pena,
porque ya la pobreza, el mundo loco,
siendo amiga de Dios, la estima en poco.

(Saca un papel.)

Por esto tengo escrita
esta cédula en que finjo le debo
a su padre Eliázar este dinero,
y tú se la has de dar.

Baltasar

                ¿De qué manera?

Lázaro

Diciendo que la hallaste
entre algunos papeles.

Baltasar

Ya lo penetro. Baste.
Haces en esto lo que siempre sueles.
Piadoso y sabio estás.

Lázaro

                Si Dios me ha dado
riqueza singular, y las riquezas
prestadas las tenemos
del mismo Dios, pagárselas debemos.
Allí le ha visto. Voyme
porque puedas hablarle.

(Dale el papel y vase. Salen Nabal y Jordán.)

Nabal   Jordán, yo tengo sed. En esa casa
             podrás, pues eres hombre
             despejado, pedir un jarro de agua.

Jordán   Arrójate a la orilla de mi nombre
             y así podrás beber.

Nabal   ¡Acaba, necio!

Jordán   Acaba tú también de ser durazo.
             Dineros tienes y aguadores pasan
             que en cándidos cristales,
             y en barros que parecen de claveles,
             vendiendo van el agua dulce y pura,
             y una moneda vil solo es el precio.
             Dales limosna y bebe; que limosna
             es comprar de los pobres.

Nabal   Así no me aconsejes;
             que sufriré la sed ardiente y dura
             antes que hacer piadoso
             un átomo de bien, y el cielo airado
             se muestra para mí. ¿Qué ley consiente
             que liberal me muestre con la gente?

(Se acerca Baltasar.)

Baltasar   Mis albricias ofrecidas,
             buenas nuevas te daré.

Nabal   Ni habrá por qué yo las dé
             ni por qué tú me las pidas.

Baltasar

    Cumplir podemos los dos
si ésta te vengo a ofrecer,
que la debió de perder
tu padre; que quiera Dios,
   revolviendo unos papeles,
hallé esta cédula en quien
el cielo pinta tu bien.

(Dale el papel.)

Nabal

¡Con soberanos pinceles!

(Lee.)

   «Confieso por esta cédula que debo a
Eliázar, del tribu de Judá, mil y quinientos
escudos de oro, y los pagaré a él o a Nabal
su hijo, siempre que los pidan, y lo firme
de mi nombre.
               Lázaro»

Baltasar

    Pues tu padre no cobró
esa partida, bien puedes
si le heredas y sucedes
pedirla a Lázaro. Yo,
   que he hallado este papel
le traigo y no lo difiero.
Bien mis albricias espero.

Nabal

    ¡Que esto pase en Israel!
   ¡Qué haya ricos que las venas
del pobre sangrar intentan
y sus tesoros aumentan
con las haciendas ajenas!
   Los ríos más eminentes,
compitiendo con el mar

se suelen tras sí llevar
los arroyuelos y fuentes.
    Eran charcos, ya son ríos
que, sus tiranos raudales
robando ajenos cristales,
cobran fuerzas, cobran bríos.
    Los ricos, de esta manera,
exentos de humanas leyes,
compitiendo con los reyes,
quieren dilatar su esfera.
    Y al pobre con tiranía
bien en Lázaro se ve.
¿Qué mucho que rico esté
si ocultó la hacienda mía?
    Y tú, lisonjero amigo,
que esta cédula encubriste,
¿cómo albricias me pediste
cuando mereces castigo?
    Cómplice disimulado
de este latrocinio, advierte
que pues no te doy la muerte
buenas albricias te he dado.

Baltasar   ¿Quién vio tal ingratitud?
Ya lo dudo aunque ya vi;
mas, ¿cuándo no paga así
la malicia a la virtud?
    Hoy Lázaro liberal
su mismo bien apercibe
y al tiempo que lo recibe
le ofende y le trata mal.

(Vase Baltasar.)

Nabal

¿Qué dices?

Jordán

¡Mil y quinientos!
Ya tendrás de qué pagarme.

Nabal

No empieces a importunarme.
¡Oh, criados!

Jordán

¡Oh, avarientos!

Nabal

Sirve y calla, que he de ser
rico al fin.

Jordán

¡Jornada es larga!
Llevaba un hombre una carga
de vidrios para vender.
Preguntóle otro: «¿Qué trae
en esa carga, mancebo?».
Él le respondió: «¿Qué llevo?
Nada si el asno se cae».
A ser este vidrio llega
la esperanza de tus bienes,
porque en la cédula tienes
nada si Lázaro niega;
mas él viene por aquí.
Háblale sabio y cortés,
que lo merece, pues es...

(Sale Lázaro.)

Nabal

Basilisco para mí.
Señor Lázaro...

Lázaro

¿Señor?

Nabal   ¿Esta firma es vuestra?

Lázaro   Sí,
                         confieso que la escribí
                         y que soy vuestro deudor,
                            Nabal amigo.

Jordán   ¡Pardiez,
                         que en el anzuelo está asido!
                         El asno en fin no ha caído.
                         Vidrio tienes esta vez.

Nabal   ¿Y cuándo podréis pagar?

Lázaro   Pagaré de aquí a seis días.

Nabal   Ésas son vanas porfías.
                         Seis horas no han de pasar
                            a una cosa tan debida.
                         Harto mi padre esperó
                         pues que nunca lo cobró
                         en los días de su vida.

Jordán   Señor Lázaro, pagar
                         o ir a la prisión.

Lázaro   Si eso
                         ha de ser, por no estar preso,
                         ¡vamos! Venidla a contar.
                            Muy bien me pueden prender.
                         No son rigores ni extremos
                         porque los ricos debemos
                         lo que el pobre ha menester.

Jordán   Vamos por ello al momento.

Lázaro (Aparte.)   (¡Oh, qué bien ha sucedido!)

[Vase Lázaro.]

Nabal   Mi dinero, ¡dicha ha sido
                        que confesase!

Jordán   ¿Contento
                        estás agora, señor?
                        Muy bien me puedes pagar.

Nabal   ¿Cuánto va que te he de echar
                        de mi casa?

Jordán   ¿Hay tal rigor?
                          Ya la sed que te afligía
                        se habrá pasado.

Nabal   No pasa.
                        Pídeme agua en esta casa.

Jordán   ¿Avaro estás todavía?

(Sale vestido de pobre.)

Custodio (Aparte.)   (¡Con qué amor, con qué cuidado
                        dulces caminos prevengo
                        a esta alma que a cargo tengo
                        desde que Dios la ha criado!
                          Soy compañero del hombre.)
                        ¡Nabal!

Nabal   ¿Quién eres, mendigo...

Custodio   Soy tu verdadero amigo...

Nabal   ...que así has sabido mi nombre?

Custodio   ...quien las desdichas previene.
                 Ten tú lástima de mí.

Nabal   No he de tenerla de ti
                 si Dios de mí no la tiene.

Custodio   Confía de su clemencia.

Nabal   Oyes, pobre porfiado,
                 pedir al necesitado
                 es darle más impaciencia.
                    Si de Dios fío o no fío,
                 Dios me ha de juzgar, no el hombre.
                 Vete pues, y sabe el nombre
                 de los ricos y no el mío.

Custodio   Mil y quinientos escudos
                 rico te pueden hacer.

Nabal   ¡Por eso habían de ser
                 los pobres sordos y mudos!

Custodio   Si hoy piensas tenerlos, mira
                 que vivas más generoso.

Nabal   Pobre importuno y curioso,
                 con esto me das más ira.
                    En las repúblicas buenas

no andan pobres indiscretos
sabiendo ajenos secretos
y oliendo vidas ajenas.
   Esta pobre cantidad
hoy me la ha dado mi estrella
para remediar con ella
mi propia necesidad.
   Haz que cual Lázaro sea
rico, y entonces verás
si sufro más y doy más.

Custodio   ¡Plegue a Dios que yo lo vea!

(Sale Jordán con un vidrio de agua.)

Jordán   El cristal y el agua fría
                  te brindan y hacen merced.

Nabal   Ya me ha quitado la sed
                  la mucha bachillería
                    de este mendigo. Volver
                  puedes el vidrio. Aquí espero.

Custodio   Sed padezco, de sed muero;
                  pues no la quieres beber,
                    dámela a mí.

Nabal   ¿Cómo dar?
                  La sed tu enfado provoca,
                  y hay un volcán en mi boca.

(Bébela.)

Jordán (Aparte.)   (Pues, bebe hasta reventar.)

Custodio   Dame el agua que ha sobrado.
                      Mira que al pobre le debe.

Jordán   ¿A lástima no te mueve?
                      [¿Por qué este agua no has dado?]

Nabal   ¡Tómala!

(Arroja el agua y el vidrio.)

Custodio   ¿Cómo creeré
                      que has de dar, si rico estás,
                      cuando así el agua me das?

Nabal   Entonces responderé.

Jordán   Yo temo tu perdición.
                      Dale limosna.

Nabal   No quiero.
                      Anda, cobra aquel dinero.

Jordán   No vi mayor ambición.

(Vanse.)

Custodio   Dios, que eres lumbre de lumbres
                      y belleza de bellezas,
                      dale a este monstruo riquezas.
                      Quizá mudará costumbres.

(Sale el Demonio muy galán.)

Demonio   En vano a Dios solicitas,

celestial inteligencia
cuya hermosura perdí.

Custodio

Por ambición y soberbia.

Demonio

Tu igual soy desde aquel día
que derribé las estrellas
como soberbio dragón.

Custodio

¡Bien me acuerdo de esa guerra!

Demonio

Ya ves que da admiración
al reino de las estrellas
mi ciencia.

Custodio

      Sé que perdiste
la caridad, no la ciencia.

Demonio

Desde que tuvo principio
el alma dura y proterva
de Nabal, la acompañamos.

Custodio

Sí, mas con tal diferencia
que yo la guardo de ti.

Demonio

Es verdad, ¿mas por qué intentas
—si sabes su inclinación—
que el cielo le dé riquezas?

Custodio

Porque si a Lázaro imita,
con una limosna pueda
ir al limbo con los padres.

Demonio

¿Y es razón que todos sean

ricos y que sin trabajo,
sin fatiga y penitencia,
con solo dar lo que sobra
el cielo esperen? Merezcan
con su paciencia y ayuno.

Custodio   Si Nabal está a mi cuenta,
solo pretendo su bien
y a las celestes estrellas
lo pediré.

Demonio   Pues yo no.
Antes le pienso dar quejas
al que es la misma justicia,
al que solo vive y Reina.
¡Ah, Custodio! ¿Qué me quieres?

(Mira al cielo.)

Custodio   ¡Ah, Potestad y Cabeza
de mi santa jerarquía!
Suplicar a Dios quisiera
que dé riqueza a Nabal.
Quizá el corazón de peñas
ablandará en la mudanza.
Este bien solo merezca.

(Mira al cielo.)

Demonio   ¡Angélica Potestad!
Basta que Lázaro tenga
riquezas con cuyas sobras
conquiste la vida eterna.
¿Qué mucho que con descanso

agradar al cielo puedan
los hombres en los trabajos,
la fe, y el amor se muestran?
Si fuere rico Nabal,
Lázaro mísera sea,
y verán si su virtud
se convierte en impaciencia.

Custodio   Si los ángeles debemos,
con la claridad eterna,
guardar al hombre, yo puedo,
dándome Dios su licencia,
dar a Nabal lo que pide
para que así le convenza
si fuere rico avariento.

Demonio   Mucho pueden las riquezas;
y así temo no conquiste
al reino de Dios con ellas.
Pero a Lázaro asiré
si acaso Nabal se suelta
de mis prisiones.

Custodio   Nabal,
prosperidades espera.

Demonio   Y tú, Lázaro, desdichas
que yo no doy cosa buena.

Fin de la primera jornada

Jornada segunda

(Salen Jordán y Nabal bien vestido.)

Jordán

      Agora sí es ocasión
de ir a pedir por esposa,
supuesto que estás tan rico,
a tu Abigaíl hermosa.

Nabal

En mi pensamiento estás.

Jordán (Aparte.)

(Más quisiera yo en tu bolsa.)
Solo una cosa me espanta;
el ver cuán a poca costa
tienes cantidad de hacienda,
de ganados tanta copia.
Ajustemos, señor, cuentas
que no he de esperar una hora
si al instante no me pagas.
Señor, mis raciones todas.

Nabal

Linda flema es la que gastas.

Jordán

Dime, ¿no quieres que coma?
¿Soy camaleón criado
que al aire he de abrir la boca?
Servir y no manducar
nunca, señor, se conforman.
¿En qué mis tripas te ofenden?
Ten de ellas misericordia.
Mira que pueden prenderlas
por vagamundas y ociosas.
Toda la hambre de Egipto
en mí considero agora

porque estando, aquesto es cierto,
soñando anoche esta historia,
fui el intérprete yo mismo:
pues, hallé tan a mi costa
al imaginar las vacas
que al rey Faraón congojan
ser las flacas para mí
pero para ti las gordas.
Tu bolsa es, señor, sin duda
Argel en cuya mazmorra
para cautiverio eterno
todo el dinero aprisionas
sin que rescatarle puedan
piedad ni misericordia,
que falta la redención
cuando no hay en ti limosna.

Nabal   Cansado, Jordán, estás.
No me aprietes, pues no ignoras
que unas tierras de labor
en esa vaga espaciosa
compré, y ganado también
con que es imposible cosa
poder pagarte tan presto.

Jordán   Pues que no quieres que coma,
¿posible es que cuando amor
al más avaro transforma
en liberal avariento,
tú, que a Abigaíl adoras,
ni lo miserable olvides,
ni lo pródigo conozcas?
Yo no he de estar más contigo.
Tú como una vaca engordas;

yo me enflaquezco y me voy
a la muerte por la posta.

(Saca un papel.) Ésta es la cuenta, señor.
Escucha atento y perdona;
que entré a servirte ha diez años
tres semanas y una hora,
con ración y quitación.
La quitación es forzosa
que ya me la hayas pagado;
pero nada en mí se logra
porque es Argos de cien ojos
tu avaricia en su custodia.
Fue dos reales el concierto
cada día, con las sobras
de tu mesa, mas ningunas
habrá, ni ha habido hasta agora.
Si te pones en la mesa,
te incorporas de tal forma
que piensas que han de quitarte
los manjares de la boca.
Y, si hay de vino algún frasco,
aunque sea de una arroba,
brindándote tú a ti mismo,
no me dejas una gota.
Si cualquier manjar te sacan,
quedan los platos de forma,
limpios, que no han menester
estropajo ni fregona.
Y, finalmente, los dos
estamos a cualquier hora,
yo con el ojo tan largo,
tú con la hambre tan gorda.
Las raciones, bien lo sabes,
me las debes casi todas,

y por no perderlas voy
aumentando unas con otras.

Nabal   Calla y vete, que ya sale
             Abigaíl como aurora
             imán, que mi alma sigue,
             sus dos estrellas hermosas.

Jordán   ¿En fin no tiene remedio?

Nabal   No le tiene por agora.

Jordán   Mucho quieres el dinero.
(Aparte.)   (En los infiernos lo comas.)

(Salen Abigaíl y José.)

Abigaíl   ¿A qué venís?

José   A deciros,
             sin acción que admite engaños,
             que me costáis en dos años
             infinidad de suspiros.
             El alma vengo a pediros.
             Dádmela, que prenda ajena
             ni aun para mirada es buena;
             que sin alma y con amor,
             en custodia de temor,
             habré de guardar mi pena.

Abigaíl   No soy mía.

Nabal   ¡Airados cielos!
             ¿Qué estarán los dos hablando?

¿Qué haré?, que muero rabiando
entre celosos desvelos.
No me aflijáis tanto, celos.
No me atormentéis, congojas.
Envidia, ¿por qué me arrojas?
La indomable furia enfrena;
mas, ¡ay!, que tiene mi pena
más hidras que un árbol hojas.

José   Amada prima...

Abigaíl   ¡Oh, Nabal!
                ¿En mi casa?

Nabal   Sí, señora,
                que quien tu hermosura adora
                está en otra parte mal;
                y más cuando liberal
                de esperanza me enriquece
                el cielo y me favorece
                en darme riquezas tantas
                para ofrecer a tus plantas,
                pues mi amor te lo merece.

(Sale Lázaro.)

Lázaro   Sin licencia y sin llamar,
                en vuestra casa me entré
                porque asegura mi fe
                los temores del dudar.

Nabal   Si otra rosa le has de dar,
                ya está aquí.

Lázaro   Ni yo he venido
           por ella ni la he merecido.

Nabal   Pues, ¿qué tu intento procura?

Lázaro   Adorar esta hermosura
           que imagen de Dios ha sido.

Nabal   ¿Y amar puedes sin deseo
           belleza tan celestial?

Lázaro   La del alma es inmortal
           y ésa estimo y ésa creo;
           que la hermosura que veo
           es breve y no satisface.

José   Luego, ¿del cielo no nace
           la hermosura exterior?

Lázaro   Sí, mas con menos valor
           porque el cielo la deshace.
             ¿No suele pintar el arte
           una imagen y figura
           en quien forma la hermosura
           y los colores reparte,
           proporcionando la parte
           con el todo hasta quedar
           con perfección y dejar
           naturaleza ofendida?
           Y, al fin, le falta la vida
           que el pincel no puede dar.

Abigaíl   La hermosura dulce y grata
           de la mujer más famosa

es una fábrica hermosa
que a la vejez desbarata.
El oro convierte en plata
y en violetas el clavel;
porque su belleza infiel
del tiempo no la asegura.
Solo en Dios hay hermosura;
que eterna ha de ser en Él.

(Sale Baltasar.)

Baltasar   Oye, señor, si no niegan
el sentimiento y congoja
las palabras y la lengua
y el suceso a la memoria.
Preven montes de paciencia
en el alma generosa,
porque abismos de desdichas
con menos lágrimas oigas.
En los campos idumeos,
que de palmas se coronan
y de tu adversa fortuna
significan la victoria,
dichosos se apacentaban
tus ganados, y en dos horas
los que en número excedían
del mar las arenas hondas,
los que con la sed solían
minorar las blancas ondas
del Tigris y del Jordán,
de una peste lastimosa
yacen muertos; que las hierbas
de Tesalia venenosas
tu desdicha han trasladado

a Sión para que coman
su misma muerte con ellas.
O ya en las fuentes hermosas
los áspides africanos
venenaron su ponzoña.

Abigaíl   Bien dicen que la Fortuna
tiene el pie sobre una bola,
porque no hay firme edificio
fundado en basa redonda.
Lázaro, mucho perdiste.
Si en prosperidad dichosa
te dan modestia los cielos,
paciencia te den agora.
Sabe Dios lo que me pesa.

Nabal   El alma tengo gozosa.
¡Vive el cielo que me huelgo!
Caiga ya la vanagloria
y soberbia de este rico
y la pobreza conozca.

Lázaro   Baltasar, ¿cómo no sabes
que los trabajos son obras
del mismo Dios, y que el darlos
es usar misericordia?
¿De paciencia me previenes
al referirme una cosa
de que yo debo alegrarme?
Muera el ganado. ¿Qué importa?
¿Dios no es señor de la vida?
¿Y a los brutos y personas
los reparte y quita Él mismo?
¿Tiene el hombre cosa propia?

¿No es todo de Dios? Pues, ¿cómo
te lastiman y alborotan
nuestros sucesos? Advierte
que entre las débiles hojas
de los árboles sustenta
las avecillas que cortan
la esfera del aire, y tiene
su providencia memoria
del pececillo pequeño
que entre los mariscos y ovas
del mar está sumergido.
Luego su mano piadosa
bien me puede sustentar
sin ganados si soy obra
y hechura suya más bella
que el ave más caudalosa.

(Sale Jordán.)

Jordán   Señor, señor, ¡buenas nuevas!

Nabal   ¡A tu humor antiguo tornas!
                ¿Qué hay de nuevo?

Jordán   Dame albricias
                si quieres saber agora
                tu ventura.

Nabal   Necio estás.
                Acaba.

Jordán   Señor, perdona;
                que esta vez no he de decirlas
                si con mano generosa

no me das algo primero.
Sea una vez manirota
tu condición ya que siempre
de avarísima blasona.

Nabal   Vete, loco, y dejamé.

Jordán   Pues siquiera alguna cosa
a cuenta de mis raciones
me has de dar. ¿Qué te alborotas?

Nabal   Ya no intento que me digas
nueva que feliz pregonas,
porque no quiero saberlas
si es que ha de ser a mi costa.
Nunca me pidas albricias
que aunque ha sido ceremonia
usada, soy yo excepción
de regla tan perniciosa.

Jordán   En fin, ¿por no darme nada
no escuchas el bien que ignoras?
Pues yo quiero referirlo
para que cuando me oigas
adviertas de dichas tuyas
en atenciones gustosas
que soy pródigo en hablar
cuando avaro en dar te nombras.
Sabrás que todas tus mieses
ya con las espigas tocan
en los ramos de las plantas
tan fecundas y copiosas
que darán ciento por una.
Las ovejas, aunque pocas,

cristal del Jordán bebieron,
ya con sus vellones doran
los campos, que multiplican
con prisa maravillosa.
Benigno el cielo te mira
con favor, riqueza y pompa.
Obligarte quiere a amar
el camino de su gloria.
Simeón vino a decirlo.

Lázaro   Siento el alma más gozosa
con estas nuevas, Nabal,
que si fueran mías propias.
Doyte alegre el parabién.

Jordán   ¿No me das alguna cosa?

Abigaíl   ¡Con qué modesta paciencia
Lázaro el pecho conforma
con el cielo!

José   ¡Aún eso agrada!

Abigaíl   ¡Qué locura tan celosa!

[Sale un Criado de Lázaro.]

[Criado]   Señor, si desdichas dejan
la prudencia y la memoria
del hombre con fuerza y vida,
bien has menester agora
valerte de ellas oyendo
que innumerable langosta
va entrando en tus verdes mieses

y la tierna espiga cortan.
Plaga de Egipto parece
pues las ranas y las moscas
que a Faraón afligieron
no fueron tantas.

Lázaro   No pongas
nombre de fiera desdicha
a la voluntad notoria
del cielo, ni sientas tanto
las mudanzas de las cosas.
¿No es muy poderoso Dios?
¿No son secretas sus obras?
Él la langosta crió.
Hechura es suya. Pues coma
en hora buena las mieses;
que al hombre todo le sobra.

(Sale un Criado de Nabal.)

Eliazar   ¡Dame albricias!

Jordán   ¿Cómo dar?
Bien su condición ignoras.
De las mías que me ha dado
tomarás las que te tocan
que para los dos habrá;
que son de una data todas.

Eliazar   En la heredad que compraste,
surcando la tierra agora
con los bueyes, un tesoro
de cantidad tan preciosa
hallamos que maravilla;

metales, piedras y joyas.
¡Las riquezas de Sión!
¡El oro de Arabia! Roban
las entrañas de la tierra
que compraste humilde y poca.

Abigaíl   En dos balanzas están
bien distintas y remotas.
Allí pesan la justicia
y aquí la misericordia.

Lázaro   Vuelvo otra vez a alegrarme.
¡Oh, qué nueva tan gustosa!

Nabal   Abigaíl, la más bella
del mundo, la más hermosa,
riquezas me ha dado el cielo.
Agora serás mi esposa.

Abigaíl   Con la de mi viejo padre
mi voluntad se conforma.
Hija obediente he de ser.
Para nada hay «sí» en mi boca.

Nabal   Pedírsela [he] a su padre.
Voy a guardar las preciosas
riquezas que justamente
con mis méritos conforman.

Jordán   En eso no te embaraces
que es civilidad notoria.
Como mayordomo tuyo
lo haré yo si no te enojas;
que es grandeza de señores

no ocuparse en esas cosas
cuando [les] sirven criados
que de tan fieles blasonan.

Nabal   ¡Para robarme mi hacienda!

Jordán   Seguirle pretendo agora
su humor, porque si le aprieto,
yo apostaré que se ahorca.

(Vanse Nabal y Jordán.)

Lázaro   Vengan de mano de Dios
mis trabajos, que memoria
tiene de mí pues me envía
tantos bienes, tantas honras.

Abigaíl   El cielo te dé consuelo.

José   Lázaro, mi hacienda toda
es tuya.

Lázaro   Yo la agradezco.

Abigaíl   Y yo, aunque no soy señora
de los bienes de mi padre,
la parte que a mí me toca
te la ofrezco liberal.

Lázaro   Dios os haga tan dichosa
como mi amor lo desea.

(Vase.)

Abigaíl   Mucho siento sus congojas.

José   De sus desdichas me pesa.

Abigaíl   Adiós, José.

José   Adiós, señora.

(Vanse. Salen Nabal y el Padre de Abigaíl.)

Nabal   Ya mi riqueza has sabido.
                      Agora, señor, quisiera
(Aparte.)   (pues a ocasión he venido,
                      si me amor se considera),
                      ser de Abigaíl marido.
                         Del tribu de Judá soy
                      como tú, noble nací,
                      y rico ya ves que estoy.
                      Lo que tengo escucha aquí;
                      que esto le ofrezco y le doy:
                         El Tigris, que el muro besa
                      de Babilonia, me baña
                      la más famosa dehesa
                      que corona esa montaña
                      de antiguos robles espesa.
                         Luego una viña al volver
                      que se mira desde allí
                      con su casa de placer
                      que a las viñas de Engadí
                      competencia puede hacer.
                         De mis espigas doradas
                      a cualquier parte que vuelvas
                      verás parvas levantadas
                      en agosto, y esas selvas

cubiertas de mis vacadas,
   que a competencia del cielo
llueven leche sobre el suelo
haciendo sierpes de plata
como cuando se desata
por las montañas el hielo.
   Y de tanta leche llenas
están, que en toda ocasión
a las dulces Filomenas,
las que verdes hierbas son,
engañan por azucenas.
   Y en una granja adornada
una casa noblemente
a mi traza fabricada
con un pensil excelente
de abril eterna posada,
   cuya hermosa variedad
aventajan los deseos
de la humana voluntad
y los jardines hibleos
vencen en fertilidad,
   por cuyas plantas y flores,
cuando el agua se desata,
los arroyos corredores
parecen franjón de plata
sobre felpa de colores.
   Que hasta mirar la beldad
de tu hija, no es jardín;
que es sombra de esta verdad,
y mi corazón, al fin,
jardín de mi voluntad.

Padre   Nabal, estimo el deseo
de hacerme merced, y creo,

por lo que gano este día,
su voluntad fuese mía
que es dichosísimo empleo.
    Yo quisiera darle dote
tal, que envidiarlo pudiera
rey o sumo sacerdote;
mas la común muerte fiera
que fue de Israel azote,
    me dejó no con riqueza.
No está mi casa sobrada.
Esto me causa tristeza;
pero está privilegiada
de cantidad de nobleza.
    Mas mi hija hallarás,
Nabal, cuanto tú le das;
y si entre los hechos llenos
de honor, la hacienda es lo menos,
yo te vengo a dar lo más.
    Que te pienso enriquecer
con una prenda que el cielo
para ti quiso escoger;
que no hay riqueza en el suelo
como la buena mujer.
    Que aquél que mujer halló
sabia, honrada y virtuosa,
a la Fortuna venció,
porque es en el mundo cosa
que a pocos se concedió.
    Y no hay cosa al parecer
más difícil de emprender;
dos cosas, que son hallar
un amigo y acertar
a elegir buena mujer.
    Que la mujer escogida

para alivio de la vida
ha de entrar, no tengas duda,
como la Verdad, desnuda,
y de su fama vestida.

　　Mas, pues tú parte me has dado,
Nabal, de tu hacienda, quiero,
a tu amistad obligado,
de los que en mi hija espero
darte, hacerte un fiel traslado.

　　Todo el oro del Arabia
llevarás en su cabello,
que al Sol en rayos agravia
y quiso con él vencello
la naturaleza sabia.

　　El africano marfil
está más fino en su frente,
y en sus mejillas abril,
enseñándose en su oriente
la primavera gentil.

　　Ventas son de cristal
de la casa de esta huerta
sus ojos, luz celestial,
y su boca hermosa puerta
con umbrales de coral.

　　En aquesta casa vive
un alma hermosa de quien
nobleza inmortal recibe,
dotada de mayor bien
que el mundo discreto escribe.

　　Tiene joyas estimadas
del oro de su opinión
con su virtud esmaltadas,
que las guarda la razón
con mil llaves encerradas.

     Una margarita es,
su memoria siempre en Dios
engastada, y de interés
famosas potencias dos
que se le siguen después.
     Éste es todo su caudal
y el mío. No soy ingrato
en ser, Nabal liberal;
mas si escuchaste el retrato
contempla el original.

(Sale Abigaíl muy alegre.)

Nabal   ¡No llega al balcón dorado
del Sol a llamar el día
más bella el alba! ¡Qué agrado!

Abigaíl   El corazón me decía
que aquí estabas, padre amado.
     Dame tu mano.

Padre   El Señor
te bendiga, Abigaíl

Nabal   ¡Qué belleza y resplandor!
¡Qué entendimiento sutil!
El Amor mata de amor.

Padre   Nabal ha venido aquí
a pedirte por esposa.
Yo la palabra le di.

Nabal   Como la purpúrea rosa
se quedó.

Padre   ¿Qué dices? Di.
                        Es rico y de calidad
                        y de nuestra tribu, y tiene
                        este intento.

Nabal   Es gran verdad.

Abigaíl   Si tú ves que me conviene,
                        yo sigo tu voluntad.
                           Tan ajustada nací
                        que puedes saber de ti
                        lo que puedo responder.

Padre   Nabal, ya es vuestra mujer.

Nabal   Doyme el parabién a mí.

Abigaíl   Y tanto imito a tu amor
                        siempre, que tu pensamiento,
                        como ha de ser en mi honor,
                        es el primer movimiento
                        de mi voluntad, señor.

Padre   Eso conozco, hija mía,
                        y agradezco juntamente.
                        Nabal, llega.

Nabal   Hoy es el día
                        más feliz que eternamente
                        gozó amorosa porfía.

Padre   Llega, Abigaíl es tuya.

Nabal   Ya gracias le doy al cielo.

La vida que tengo es tuya.
No hay mayor dicha en el suelo.
Haz que aquesto se concluya.

Padre
          Cuando tú quisieres sea.

Nabal
          Luego imagino que es tarde,
          pero para quien desea
          un bien, no hay plazo que aguarde
          bien cuando tal bien se emplea.

Padre
          Dios, en lo que procuramos
          mire nuestra voluntad
          de quien la paga aguardamos.
          Vamos, hijos.

Nabal
                    ¡Qué beldad!

Padre
          ¿No venís?

Abigaíl
                    Ya, señor, vamos.

(Vanse. Salen Jordán y Ana, criada.)

Jordán
               Ana ilustre, así te vea
          ara de un tapiz famoso
          y ansina en tu rostro hermoso
          no haya lunares de fea.
               Así tu errática estrella
          haga su virtud persona
          del título de fregona
          al estado de doncella.
               Así el tiempo a quien se humilla
          cuanto encuentra y cuanto roba,

lo que agora en ti es escoba
haga después almohadilla.
　Y tus manos que difuntas
están por lo flaco, en vez
de la mano de almirez
mires bolillos de puntas;
　que cases a mi señor.

Ana	¿Pues soy yo casamentera?
Jordán	Mira, has sido cobertera

y emplastadora de amor.
　Esto que llaman unir
voluntades discordantes,
no es oficio de ignorantes.
Maestros se han de decir
　de capilla, el que acomoda
los desdenes más feroces,
pues une distintas voces
en el compás de una boda.
　La voz del bajo se encuentra
con el reino de Plutón,
la del tiple es un punzón
que en el alma se nos entra.
　Una al infierno le envía,
otra sube a las estrellas
y el maestro forma de ellas
con la unión dulce armonía.
　Así puedo decir yo
que en contrabajo mi amo
está diciendo: «Yo amo»,
y ella responde: «Yo no».
　Entra tú, linda maestra,
concuerdas el no y el sí.

Haces su boda y así
se va ordenando la nuestra.

Ana   Padre tiene Abigaíl.

Jordán   Ya entró mi amo a pedilla;
mas puede una palabrilla,
dicha acaso y con sutil
   ingenio hacer cosas graves.
Di bien de Nabal.

Ana   ¿Qué bien?

Jordán   Yo te lo diré también
para que tú se lo alabes.
   Dile que antípoda ha sido
del hijo pródigo. Infiero
que es infierno del dinero
pues de él ninguno ha salido.
   Que era malo le dirás
para reloj, y no miento
pues viviéramos a tiento
sin saber hora jamás.

Ana   Luego, ¿nunca da?

Jordán   Le igualo
al mayor señor en eso.
Es muy cuerdo, tiene seso.

Ana   Al fin, ¿para todo es malo?
   ¿Ninguna cosa le salva?

Jordán   Solo para calvo es bueno

porque es descortés.

Ana   ¡Qué bueno!

Jordán   Y no le verán la calva.
                   No será nada perdido
                que no da, ni aun esperanzas.

Ana   ¿Y con estas alabanzas
                le ha de querer por marido?

Jordán   Si, le querrá, porque en fin
                se guardan, si bien se nota,
                la mujer y la bellota
                para el puerco más ruin.
                   ¿Qué elección de hombre bizarro
                supiera jamás hacer,
                si es animal la mujer
                que come carbón y barro?
                   Las que tienen tan mal gusto,
                ¿en qué pueden acertar?

Ana   Esto, Jordán es hablar
                a lo malo.

Jordán   Y a lo justo.

(Sale José.)

José   Ana dichosa y más bella
                que los campos del abril,
                pues del Sol de Abigaíl
                eres alba, eres estrella,
                   tú que mereces tener

por dueño y bien sin segundo
la mejor mujer del mundo
si es que un ángel es mujer,
  alienta mis esperanzas.
Dile a tu dueño dichoso
que merezca ser su esposo.
Tú que de su pecho alcanzas
  tal parte, sé intercesora
con sus ojos soberanos.

Ana   Yo voy.

Jordán   Nacéis a dos manos.
Vos sois linda embarradora.

(Vase Ana.)

José   ¿Eres Jordán el criado
de Nabal?

Jordán   Jordán seré.
Su criado no.

José   ¿Por qué?

Jordán   Su enemigo no excusado.

José   ¿Tanto dinero tenía
que campo y vacas compró?

Jordán   Cierta partida cobró
que Lázaro le debía.

José   ¿Y es cantidad la del oro

que halló?

Jordán   Por darle pesar
se lo tengo de contar.
Alto, pues, ¡Va de tesoro!
            Hay riquezas infinitas.

José   Gustaré de ellas, contaldas.

Jordán   Dos hanegas de esmeraldas
y cuatro de margaritas.
      Un juego de bolos hay
que las bolas son dos perlas
que se holgarán de verlas
los reyes de Girlinbay.
      Los bolos son filisteos
de oro de grande fineza
y que tienen por cabeza
cama hermosos camafeos.
      Un grande mortero vi
de piedra como un gigante.
El mortero es un diamante
y la mano es un rubí.
      Cuando se maja con él
se forma tan dulce son
que sin cuenta ni razón
bailamos todos con él.
      Muchas riquezas verás
y no quiero ser prolijo
pues por aquesto se dijo
y trescientas cosas más.
      Doblones hay de dos caras
tan grandes como un harnero.

José   Dime, Jordán, ¿estás cuero?

Jordán   Y más de siete mil varas
                de oro, de plata y de estaño
            sin otras cosas muy ricas,
            y, si mucho me replicas,
            perlas hay de mi tamaño.

(Sale Ana.)

Ana   Tú eres, Jordán, desgraciado
            que Nabal llegó primero.

Jordán   Sonó sin duda el mortero
            y a su música han bailado.

Ana   A su padre la ha pedido
            y a este punto se la entrega,
            porque la Fortuna ciega
            ya la dicha ha repartido.

Jordán   El alba será esa boda
            de mi gusto, tigre mía,
            y la nuestra será el día.

Ana   Quiéreme bien y me apoda.
               No se verá en ese bien.

Jordán   Triste el pésame te doy.

Ana   Y al uso del mundo voy
            a darles el parabién.

(Vanse los dos.)

José

    Pues ya no tengo esperanza,
no quiero estar más aquí.
Gócela Nabal, y a mí
el cielo me dé venganza.
    No os gocéis en paz los dos,
pues yo no la he de tener.
¿Qué no causa una mujer?
Remédieme solo Dios.

(Salen cantando los músicos y Nabal y Abigaíl, de las manos. Ana, Jordán y el Padre de Abigaíl.)

Músicos

    ¡Viva mil años Nabal,
y también viva otros mil
la discreta Abigaíl!
Nunca conozcan el mal.

Nabal

    Felice, esposa, has de ser
pues vivirás siendo mía
con honra y con alegría
más que ninguna mujer.
En esta casa has de ver
tantas riquezas unidas
que exceden a las de Midas
como las sepas guardar;
que ya las empieza a dar
el cielo, autor de las vidas.
    A tu padre agradecida
estarás mientras viviere,
pues tanto te estima y quiere
que te entrega a tal marido.
También yo dichoso he sido
pues Fortuna con largueza
a hacerme próspero empieza

y a un tiempo vengo a tener
la riqueza y la mujer
que me guarde la riqueza.

Padre   La bendición del Señor
te alcance. ¡Ay, hija querida!

Abigaíl   Y Él guarde, señor, tu vida.
¿Lloras?

Padre   Es llanto de amor,
no de pena ni dolor,
[cuando así te alegrarás].
Pienso no te he de ver más
porque pienso retirarme
a Betulia.

Abigaíl   ¿Para darme
penas y tristezas vas?

Jordán (Aparte.)   (Aun no le dijo el cobarde
que su riqueza conoce:
«Tengo mujer que la goce»
sino «mujer que la guarde».)

Abigaíl   Aunque la Fortuna tarde
en darte prosperidad,
con gusto y con humildad
tendrás una esclava en mí.
De mi padre fue hasta aquí,
tuya es ya mi voluntad.

Jordán   La gente que a acompañar
se ha venido, está allá fuera

sin irse, a comer; que espera
que la hemos de convidar
  como es uso. Mas no tienes
prevención y estoy confuso.

Nabal

Quebrar la pierna al mal uso,
dice el refrán. Necio vienes.

Jordán

  Haz que algunos dulces traigan
y entre todos los reparte.

Nabal

Convídales de mi parte.

Jordán

¿A qué diré?

Nabal

        ¡A que se vayan!
  Así el pobre satisfaga;
que el rico con su poder
basta que lo pueda hacer.
No es menester que lo haga.
  Los ricos eso tenemos;
que nos han de acompañar
porque los podemos dar,
pero no porque les demos.

Jordán

    Ése es un gentil amparo.

Nabal

Muy pródigo estás, Jordán.
Despídelos.

Jordán

              ¿Qué dirán?

Nabal

Que soy discreto.

Jordán   ¡Y avaro!

Nabal   Así como así lo dicen
del rico no se contentan.
Si lo han de decir, no mientan.
¿No vas luego?

Jordán   Hoy se eternicen
tus hechos en el infierno.
No doy por tu salvación
un cornado. ¡Qué ambición!

Nabal   De esta suerte me gobierno.
   ¿Qué haces?

Jordán   A despacharlos
voy al momento.

(Vase Jordán.)

Nabal   Señora,
no he querido darte agora
cuidado en el regalarlos.
   Huéspedes hartan, y olvidan
al momento el beneficio,
y los hombres de mi juicio
ni prestan ya ni convidan.

(Sale Jordán.)

Jordán   Ya que a nadie has convidado,
pobres, si a piedad te mueves,
esperan a los relieves
de la boda y se han juntado.

¿Dales algo?

Nabal   ¡Qué indiscreto!
De tu ignorancia me pesa,
necio. Si la causa cesa,
¿no ves que cesa el efecto?
    Si convite no hay, ¿qué quieres?
Nada sobra. Dales nada.

Jordán   ¡Qué regla tan acertada!
¡Qué jurisperito eres!
    Y estos músicos, ¿qué harán?
Pobres son; ya los conoces.

Nabal   No me dieron ellos voces.
Dales voces tú, Jordán.
    ¿No basta haberlos oído
cantando mal?

Jordán   ¿Y es razón?

Nabal   Si les he dado atención
ya pagué lo que he debido.

Jordán   Ya cantaron. Piedad haya.

Nabal   Diles que si oí cantar,
que también les oí templar,
que uno por otro se vaya.

Jordán   Jamás avaricia vi
tan puesta en razón y en arte.
Alto, a contar a otra parte;
que estamos sordos aquí.

(Sale Lázaro vestido pobremente y los músicos se van.)

Lázaro

Sálveos Dios, que no podía
esperar humano bien
sin daros el parabién
en medio de esta alegría.
    Vivan vuestras voluntades
en paz tan larga y unida
que le quede vuestra vida
por años, no por edades.
    En dulce amor y sosiego
vuestra lengua a Dios invoque
y a vuestra hacienda no toque
peste, langosta ni fuego.
    No lleguéis los dos a ver
en fortuna singular
ni la cara del pesar
ni la espalda del placer.
    Tú, Nabal, cuanto deseas
logres sin mudanza alguna.
La Ocasión y la Fortuna
a tus pies se inclinen. Veas
    hijos de nietos, que así
al año parecerías
con sus meses y sus días.

Abigaíl

Lástima tengo de ti.
    A llanto me has provocado.
No te quisiera escuchar
pues no te puedo pagar
el parabién que me has dado.
    Y ya envidio el mal que tienes
pues que con paciencia tal,
cuando has de sentir tu mal

te alegran ajenos bienes.
    Y así, Lázaro, prevengo
que, pues lástima me das,
valen tus trabajos más
que las dichas que yo tengo;
    porque, si en la dicha mía
llego a sentir tu pesar
y te puedes alegrar
de mi gusto y mi alegría,
    claro está que valen más
los trabajos que tuviste
pues yo dichosa, estoy triste
y tú tan alegre estás.

Jordán   Pobre de él, a comer viene
por una tablilla, di,
¿hoy no convidan aquí
aunque ya puesta la tiene
    tu fama?

Nabal   ¡Bárbaro, calla!

Jordán   Solo consejos me has dado.

Padre   Lázaro, ¿cómo has quedado
de la sangrienta batalla
    que la Fortuna te dio?

Lázaro   Señor, ya todo es violento,
y así me dejó contento,
pues con salud me dejó.
    Para pagar mis criados
hasta el vestido vendí,
porque todo lo perdí

pero quedé sin cuidados.
      Cualquier hombre que no deba
se puede llamar felice,
y como el proverbio dice:
«No tengo cosa en que llueva
      el cielo, pero tendré
esperanzas y consuelo»,
que son las lluvias del cielo
más seguras.

Abigaíl   ¡Grande fe!
      Dueño, esposo, convidemos
a Lázaro, que quizá
para comer no tendrá.

Nabal   Buen envidioso tendremos
      a nuestra mesa. Es forzoso
que tengan antipatía
la pobreza y la alegría,
el desdichado y dichoso.
      Esposa, convites tales
entre iguales han de ser,
porque el brindis y el placer
puedan también ser iguales.

Padre   Estando enfermo, me ha hecho
muchos bienes en su vida.

Abigaíl   Pues yo quiero, agradecida,
quitarme aquésta del pecho.
      Toma, Lázaro, por paga
(Dale una joya.)   aquesta joya, y podrás
vestirte mejor.

Lázaro   Me das
                         el remedio. Dios te haga
                            tanto bien como deseo.
                         No al quitar, seguro y firme,
                         porque así podré vestirme
                         sin ser fábula y trofeo
                            de la Fortuna.

Nabal   ¡Mujer,
                         que apenas te viste mía
                         cuando luego al primer día
                         me has comenzado a ofender!
                            ¿Tú puedes, sin mi licencia,
                         dar cosa ninguna ya?
                         ¿Sabes del modo que está
                         la mujer en la obediencia
                            del marido? A no mirar;
                         que es el tálamo primero.
                         Más colérico y más fiero
                         te llegaré a castigar.
                            Y tú, necio codicioso,
                         que la tomaste, ¿no ves
                         que solo su dueño es
                         la voluntad de su esposo?
                            Dame, loco.

Padre   ¡Qué arrogancia!

Lázaro   Tienes, amigo, razón;
                         pero la buena intención
                         en ella, en mí la arrogancia,
                            disculpa nos puede dar.
                         Tómala pues, sin enojos.

(Dásela.)

Abigaíl (Aparte.)   (¿Qué bodas son éstas, ojos?
                           Empecemos a llorar.)

(Vase Abigaíl.)

Padre   ¡Oh, avaro!, aunque más te sobre
                           y el pródigo esté perdido,
                           rico, el pródigo habrá sido
                           y tú siempre serás pobre.

(Vase el Padre.)

Ana   ¡Pesadumbres al entrar!
                           ¡Éstos los regalos eran!

(Vase Ana.)

Jordán   Diluvios de hambre me esperan.
                           ¡Ea, aprender a nadar!

(Vase Jordán.)

Lázaro   No te enojes tú, yo voy.
                           Unid vuestras voluntades.

Nabal   No quiero estas humildades;
                           que colérico estoy.

(Salen el Demonio en traje de pobre, y Custodio.)

Custodio   ¿Dónde vas, opuesto a Dios?

Demonio   Donde me lleva el destino,
                     por si por este camino
                     hago pecar a los dos.

[A Nabal.]   Dame limosna, pues dijo
                     un filósofo moral
                     que el hombre es tan liberal
                     cuando tiene regocijo.
                       El que su boda celebra
                     franco tendrá el corazón.

Nabal   ¿Qué regla hay sin excepción?
                     ¿Qué costumbre no se quiebra?
                       ¿Qué fe duró en los amigos?
                     ¿Qué esperanzas no hay inciertas?
                     ¡Hola! Cerrad esas puertas,
                     que van lloviendo mendigos.

(Vase Nabal.)

Demonio   El primero soy que pide
                     que huelga que no le den.

Custodio   Pide a Lázaro también.
                     Veremos si te despide.

Demonio   Una limosna procura
                     uno que cautivo ha estado.

Lázaro   A mal tiempo habéis llegado.
                     ¡Oh, criador de la criatura!
                       ¡Oh, quién tuviera qué dar!
                     El corazón me traspasa.
                     El alma en fuego se abrasa.
                     Bien me puedes perdonar.

   Amigo, piadoso vengo
a ver tu necesidad,
solo puedo dar piedad
que solo lágrimas tengo.
   Si este vestidillo fuere
bastante a tu mal, no dudo
de quedar por ti desnudo
como el hombre nace y muere.
   Ayer, amigo, podía
con tal huésped regalarme.
Hoy no tengo donde entrarme
cuando se nos vaya el día.
   Ya no habrá, según estoy,
quien me pueda conocer.
Llamábanme «el rico» ayer
y «el pobre» me llaman hoy.
   Pero con pobreza tal,
sano estoy, gracias a Dios,
y os podré llevar a vos
en hombros al hospital
   si estáis enfermo.

Demonio   Impaciencia
es la enfermedad que veo,
y soy tal que apenas creo
que tiene Dios providencia.
   ¿Por qué tan mudos estamos
en miserias tan feroces?
¿Y por qué no damos voces
y del cielo nos quejamos?
   Vos tan pobre y yo tan pobre,
¿esto habemos de sufrir,
destinados a vivir
de lo que a otros les sobre?

Lázaro

    Amigo, amigo, no os den
así impulsos de impaciente.
Dios es pródigo y consiente
nuestro mal por nuestro bien.
    Aunque en riqueza me vi,
tantos males me cercaron
que los que allí me envidiaron
hoy se lastiman de mí.
    Mas no por eso, a Dios gracias,
blasfemias al cielo digo,
pues son piedad o castigo
lo que llamamos desgracias.
    Pecado podré decir,
que oprimen hoy nuestros cuellos.
Arrepintámonos de ellos.

Demonio

No me puedo arrepentir.

Lázaro

    Tal decir, solo se entiende
del demonio. [Eso es] pecar,
porque no puede olvidar
lo que una vez aprehende.

Demonio

¿Qué sabes tú si lo soy?

Lázaro (Aparte.)

(Dejarlo es mayor prudencia
pues que le da mi paciencia
los consejos que le doy.
    Mi consuelo este hombre ha sido,
mi Dios, más pobre le tienes,
pues si yo perdí mis bienes,
la paciencia no he perdido.)

(Vase Lázaro.)

Custodio
¿Ves, enemigo del hombre,
como pobre y provocado,
humilde Lázaro ha estado?

Demonio
¡Qué milagro! ¿No te asombre?
    Porque si tiene salud
y la riqueza es la vida,
¿qué pasión habrá que impida
la fuerza de su virtud?
    Dame tú que le faltara
y echaras luego de ver
lo que puede mi poder;
que luego desesperara.

Custodio
    Pues yo licencia te doy
de parte de Dios que quites
su salud.

Demonio
        Si lo permites,
a darle una lepra voy;
    que asco y horror dé a la gente.
No estuvo Job tan llagado
como él será.

Custodio
            Ni habrá estado
el mismo Job tan prudente.

Fin de la segunda jornada

Jornada tercera

(Salen Abigaíl, Ana. Baltasar y Jordán.)

Abigaíl

    Prosigue, que aunque prevengo
lástima al alma de ver
lo que llega a padecer
Lázaro, y piedad de él tengo,
    tendré gusto de escuchar
lo que padece en el suelo
hombre a quien regala el cielo
para poderle alabar.

Baltasar

    Digo que si pretendieras
en cosas que te importaran
que las peñas ablandaran
y se amansaran las fieras,
    lleno de lepra y gusanos
llega, señora, a ocupar
como Job un muladar.

Abigaíl

Son sucesos soberanos.
    ¿Tantas penas le lastiman?

Baltasar

Sí, pero están engañadas
porque se ven ocupadas
a donde no las estiman.
    Con paciencia tan prudente
se consuela al fatigarle
que pienso que han de dejarle
por pensar que no las siente.
    No es la hambre la menor
pena que padece agora
Palestina, pues la llora

desde el pequeño al mayor.
Y como tan general
es ya la hambre cruel
ninguno se acuerda de él.

Abigaíl　　¿Cuándo Dios no es liberal?
Si permite que reciban
aun los gusanos aliento
también le dará sustento
siquiera porque ellos vivan.

Jordán　　Si en esta casa ha de ser,
y hubieran de aquí habitar,
siempre habían de ayunar
y nunca habían de comer.
También soy gusano aquí
con Nabal, porque cruel
lo que guía eterna en él
perpetuo ayuno hace en mí.

Abigaíl　　Calla, y trae aquel regalo
que previne.

Baltasar　　Feliz casa.

Abigaíl　　Porque la hambre que pasa
con mi lástima la igualo,
de Dios es bien que asegure
la palabra. Tú también
trae paños Ana, que es bien
que a Lázaro se [le] cure.

Ana　　Voy de dolor lastimada.

(Vase Ana.)

Jordán   Yo del remedio contento
                 partir con Lázaro intento;
                 que es siempre bien ordenada
                   la caridad que primero
                 por sí empieza. A guardar voy
                 la mitad. Con hambre estoy,
                 y si no como me muero.

(Vase Jordán.)

Baltasar   Pues aún cuenta no te he dado
                 de las penas que padece.

Abigaíl   Calla, que la mía crece
                 solo en haberte escuchado.
                   Si no quieres que mis ojos
                 lloren por el gran dolor
                 que tienen de tu señor,
                 y me acaben mis enojos
                   sus pesares, no me digas;
                 porque en el sentir le excedo
                 cuando remediar no puedo
                 sus miserias y fatigas.

(Sale Jordán con una cesta de comida.)

                   Mucho, Jordán, me ha agradado
                 tu diligencia.

Jordán   Señora,
                 servirte pretendo agora.
                 (Ya la mitad he sisado.

Si mi señor lo supiera,
por esto que aquí he traído
y por lo que yo he escondido,
como a un pulpo me moliera.)

(Sale Ana con paños.)

Ana   Aquí los paños están.

Jordán   (Éstos cabales vinieron
mas los dulces se partieron
entre Lázaro y Jordán.)

Abigaíl   Ana, páguetelo Dios.

Ana   Solo a tu servicio atiendo.

(Nabal al paño.)

Nabal   A estos criados siguiendo
vengo, porque de los dos
   justa sospecha he tenido
que me disipan mi hacienda.

Jordán   A Dios le haces la ofrenda
pues para Lázaro han sido.
   Conservas te traigo aquí
para que en tu nombre coma.

Ana   Yo, paños delgados.

Abigaíl   Toma,
pues que tan dichosa fui,
   y llévaselo a aquel santo,

de paciencia claro ejemplo.

Ana

En él un ángel contemplo.

Nabal

¡Traidores! ¿De qué me espanto
    que mi hacienda no se aumente
al paso que yo deseo,
si de esta suerte la veo
consumir?

Abigaíl

            Señor, detente.
    No los maltrates por mí.

Nabal

¿Cómo no? ¡Viven los cielos
que han de pagar mis desvelos

(Saca la daga.)

con su muerte! Pues, ¿así
    la hacienda de vuestro dueño
robáis con mano tirana?

Jordán

Quien tiene la culpa es Ana;
que me engañó. ¡Fuerte empeño!
    Que tengas piedad te pido.

Nabal

Mi enojo así satisfago.

Jordán

¿No lo dije yo? Ya pago
lo que hurté, y aún no he comido.
    Detenle, por Dios, señora,
pues fuiste tú la culpada.

Abigaíl

Aguarda, esposo.

Jordán

                No es nada;
más emperrado está agora.

Nabal   ¡Morirás, traidor!

Jordán   Tu acero
a envainar puedes volver;
que no le queda que hacer
cuando de hambre me muero.
 ¡Qué rigurosa es mi estrella!

(Deja a Jordán.)

Ana   Señor... piedad, ¡ay de mí!

Jordán   Con Ana ha encontrado, ¡así,
así, así, péguela a ella!

Abigaíl   Advierte, Nabal querido,
que con mi orden se da
lo que lleva. Deja ya
el rigor que te ha vencido.

Nabal   ¡Suéltame!

Abigaíl   Yo te confieso
que en mi nombre lo llevaba.
Su abono a mi cargo estaba.
No es limosna con exceso.

Jordán   Señor, si soy menester,
aquí estoy para azotarla.
Muy bien haces en pegarla
porque todo es menester.

Ana   ¡Ah, señor!

Jordán

                  No te alborotes,
Ana, en aquesta ocasión.
Sangrías por mayo son
ocho docenas de azotes.

Abigaíl

   Un pobre regalo es
para Lázaro, tan pobre,
que no hay cosa que le sobre
sino la fama que ves.
   Lázaro es santo varón.
Halle en tu prosperidad
favor su necesidad.

Nabal

¡Qué loca y necia opinión!
   ¿Ha de correr por mi cuenta
la miseria que padece?
Demás que, ¿no lo merece,
pues que Dios no le sustenta?
   Por sus pecados llegó
a ser afrenta del suelo;
y hombre que castiga el cielo
no es bien favorezca yo.

Baltasar

   Pechos de piedad desnudos
mueran en su estimación.
Estásle en obligación
de mil quinientos escudos
   que te dio Lázaro un día;
que no has de poder negarlos.
Por no avergonzarte al darlos
fingió que te los debía.
   Ellos el principio fueron
de las riquezas que tienes.

Nabal	Necio y enfadoso vienes.
	¡Qué buena traza advirtieron
	para moverme a piedad.

| Jordán | No es criminal, es civil |
| | nuestro amo. |

Nabal	Abigaíl,
	padezca necesidad
	quien la tuviere, y en ti
	halle el pobre mano escasa;
	que la piedad en mi casa
	viene a ser ofensa en mí.
	Nada le ha de dar mi mano.

| Jordán | Convencerle es por demás. |

| Nabal | ¡Mal haya yo si jamás |
| | diere limosna! |

| Abigaíl | ¡Ah, tirano! |

| Baltasar | ¡Qué hay rico tan avariento! |

Nabal	No habrá paz en nuestros días
	si sé que a Lázaro envías
	el más mínimo sustento.
	Toda aquesta hacienda es mía.
	Nada tengo que me sobre.
	Trabaje y gánelo el pobre.

| Jordán | (No vi mayor tiranía.) |

(Vase Nabal y llévase los paños y los dulces.)

Abigaíl   Baltasar, ven de aquí a un hora
               que Ana te aguardará
               en el patio, y te dará
               algo que lleves.

Baltasar   Señora,
               guárdete el cielo.

(Vase Baltasar.)

Abigaíl   Ana, ven.

Ana   Su avaricia al mundo asombre.

Jordán   ¡Fuego de Dios en tal hombre!
               Mala pedrada le den.
                 Yo le tengo de llevar
               lo que para mí escondí.

Abigaíl   ¡Ay, Ana, no estoy en mí!
               Todo es tristeza y pesar.
                 ¡Qué permitiese mi suerte
               infeliz que me casara
               con tal hombre!

Jordán   No dudara,
               señora, en darle la muerte.

Abigaíl   Jordán, ¡si fuera posible
               que una principal mujer,
               si llega el marido a ser
               para su trato insufrible,
                 que vengarse de él pudiera
               sin quedar mancha en su honor!

Algunas hay que el furor
y el enojo las venciera,
    pero como la venganza
contra el marido ha de ser
perdiendo honor la mujer,
es infame quien la alcanza.

Ana   ¿Posible es que no te enfada
un avaro?

Abigaíl   ¿Qué he de hacer?
Bien conozco que he de ser
en extremo desdichada.
    Conozco que Dios pretende
con tan justas penas mías
que llore noches y días.
Castigos son. Él se entiende.
    Si mi padre no se fuera
a Betulia, cosa es clara
que algo me consolara
y algún alivio tuviera.

Jordán   ¿Al fin pretendes pasar
una vida tan pesada?

Abigaíl   Sí, mientras fuere casada.

Jordán   Y un siglo te ha de durar.
    Si el diablo se le llevara,
que ruego a Dios que sea luego,
yo estuviera con sosiego;
que por lo menos cobrara.

Ana   ¿Agora te afliges de esto?

Jordán   Daréle, si hay ocasión,
              rejalgar como a ratón
              que es muy amigo de queso.
                 Y sin temor que me obligue
              a que yo pruebe del plato,
              que aunque es ilustre aparato
              el que sus manjares sigue,
                 segura estará mi vida
              a su mesa celebrada,
              pues que por no darme nada
              no hace salva a la comida.

Abigaíl   Deja locuras agora;
              que querrá Nabal comer.

(Vase Abigaíl.)

Jordán   ¡Oh, qué perfecta mujer!

Ana   ¡Oh, qué buena es mi señora!

(Vanse. Sale Lázaro con muletas y unos paños en las piernas, y unas tablillas
en las manos como le pintan, y tócalas de cuando en cuando.)

Lázaro   Inmenso y soberano
              artífice del cielo, en quien se puso
              el poder de tu mano
              cuando, estando en tu mano el caos confuso,
              en partes dividiste
              con sola una palabra que dijiste;
                 si el hombre que te invoca
              y ser imagen de su autor alcanza,
              el soplo de tu boca
              el alma le infundió, y la semejanza

mostrando con luz pura
la fuerza del criador y la criatura;
    si con tiernas entrañas
das vida dentro el mar al pez, y sabes
en el aire y montañas
sustentar a las fieras y a las aves
que con su dulce canto
invocan tu poder y nombre santo;
    si te muestras piadoso,
Señor, de los ejércitos, Dios mío,
y a tu pueblo dichoso
sustentas con el cándido rocío
y por su sed ardiente
abres en peñas cristalina fuente;
    si estando tu profeta
en el lago cruel de los leones
la hambre le respeta
y rompiendo las lóbregas prisiones
del aire viene a vello
colgado otro profeta de un cabello;
    de mí, Señor, te acuerda
que mi pobreza es tanta que me obliga
a que con hambre pierda
la vida que me das para que diga:
«¡Oh, santo, santo, santo!»,
siguiendo del querub la voz y el canto;
    mas ya del rico ponen
las espléndidas mesas, y confío
que cuando le coronen
la taza del licor en nieve frío,
me dé lo que le sobre,
que de esto es acreedor cualquiera pobre.
    Segundo Job llagado
me tenéis con paciencia, Dios del cielo,

de nadie consolado,
mal dije, Gran Señor, ¿qué más consuelo
en tan fiero combate
que no tener mujer que me maltrate?
  Del mundo aborrecido
con mis llagas estoy, y mi pobreza,
cuando limosna pido
doy asco al que administra tu riqueza.
El pobre dar desea
y dice con piedad, Dios te provea.
  Mi dicha en esto es alta,
que el pobre a quien le falta la paciencia
y el rico a quien le falta
la dulce caridad, sin resistencia
llorarán igualmente,
uno de avaro y otro de impaciente.

(Sacan Ana y Jordán la mesa llena de viandas y muchas rosas esparcidas. Los
músicos salen tocando y Nabal se asiente a la mesa.)

Nabal   ¿Qué deleite se iguala
al llegar a una espléndida comida
donde el hombre regala
al cuerpo que es columna de la vida,
bebiendo en mesas tales
aromático vino entre cristales?
  Cantadme agora en tanto
que a mí mismo me brindo con aroma,
y sirva vuestro canto
de abrirme el apetito cuando coma.
¡Dichoso yo que veo
manjares a medida del deseo!

(Come y los músicos tocan dos compases de guitarra. Lázaro toca otros dos
con las tablillas.)

Tañed. Cantad.

Lázaro   Si es pía
el triste son de un mísero llagado,
esa dulce armonía,
éste que aquí tan llagado ha llegado,
Lázaro es él que llama.
Lágrimas tiernas de piedad derrama.
   Señor y padre mío,
que el rico es padre y dueño del que es pobre,
en tu piedad confío.
Con hambre estoy y espero lo que sobre
en tu mesa opulenta;
que el cielo lo pondrá por mí a mi cuenta.

Nabal   Cantad.

Músicos   «Al valle ameno
mira envidioso el monte levantado,
de sombra y flores lleno.»

Jordán   Y así mira este pobre lastimado
con hambrientos antojos
los manjares que come por los ojos.
   Y aunque con ansia mucha
caritativo ya le solicita,
su triste voz no escucha;
que su dureza avara es infinita.
Castigo tendrá eterno.
Allá se lo dirán en el infierno.

Lázaro   Señor, a quien el cielo
              repartió liberal riqueza tanta
              que al Líbano y Carmelo
              el poder de tu mano se levanta,
              de hambre me estoy muriendo.
              Un pedazo de pan solo pretendo.
                 A los viles gusanos
              en las entrañas de la tierra dura
              dan sustento las manos
              de Dios, que no desprecia su criatura.
              Un dios eres segundo.
              Sustenta este gusano vil del mundo.

Nabal   Tañed.

Lázaro   Si en los oídos
              regalados con música suave,
              salen tristes gemidos
              de lágrimas, y quejas tiernas cabe,
              enternézcaos mi llanto
              que así la providencia de Dios canto.

Jordán   ¿Estás endemoniado?
              Mira a tu amigo en muchas ocasiones.

Nabal   Calla.

Jordán   No [estés] airado.
              Un bolsillo te dio con cien doblones.

Lázaro   Agua me dad siquiera
              porque no me la dan por allá fuera.

Nabal   No quiero.

Lázaro   Mansos ríos
de espacio van al mar por verdes prados
y por valles sombríos.
Los ricos son así, que regalados
sus vidas largas hacen
aunque sujetos a la muerte nacen.
    La limosna piadosa
computa con sus máquinas divinas
esa fábrica hermosa
de murallas y esferas cristalinas
en cuyo trono asiste
la luz que con sus rayos nos embiste.
    Señor, gana y conquista
estas murallas de zafir luciente
que la angélica vista
deslumbrada cayó de transparente
asiento luminoso
donde tú subirás si eres piadoso.
    Las migajas deseo
o los huesos que das a tus lebreles.
Cercano mi fin veo.

Jordán   No tengas las entrañas tan crueles.
¿Cuál tigre o leona fiera
su desdichada voz no le moviera?
    Duélete de él, repara
que sin remedio ya de hambre se muere.
¡Qué obstinación tan rara!
Ningún sustento de él Lázaro espere.
Comes, callas y amorras.
Advierte que de gloria te lo ahorras.

Nabal   Vete, pobre importuno,

que nada te han de dar mis manos ricas.
Conquista con ayuno
los muros de zafir que tú publicas,
que el manjar que has mirado
es poco para mí, pobre cansado.
   Si son de Job tus llagas,
son el estiércol suyo mis umbrales.
Con voces no deshagas
el gusto que me dan varios cristales.

Lázaro   ¡Qué seas tan ingrato!

Jordán   ¡Gana me da de darle con un plato!

(Alza Jordán un plato por detrás para querer darle a su amo.)

Nabal   En otras puertas llora;
                quizá te arrojarán o pan o huesos.

Lázaro   A Dios, pródigo adora
                mi pecho y Él gobierna mis sucesos.

Nabal   Échale luego a coces
                que ya me cansan mucho aquellas voces.

Lázaro   Castigo es, Rey eterno,
                de mis culpas no hallar piedad humana.

Jordán   ¡En mi vida! Estoy tierno.

Lázaro   Amigo, yo me iré de buena gana.

Jordán   Ande, que darle quiero
                en saliendo allá fuera algún dinero.

Lázaro   Tú, rico sin segundo,
                trueques por Dios la pompa y majestades
                que tienes en el mundo,
                y vive en dulce paz largas edades.
                Mi fin se va viniendo.
                No he de poder salir a lo que entiendo.

(Va andando Lázaro, y Jordán saca un panecillo del pecho y sin que le vea
Nabal, se lo da a Lázaro.)

Jordán   Aqueste pan he hurtado.
                Anímese con él y salga aprisa.

Lázaro   Dios te pague el cuidado.

Jordán   Aquí también le tengo, de mi sisa,
                dineros.

(Saca una bolsa de cuero.)

Lázaro   Lo agradezco.

Jordán   Cuanto pueda sisar, yo se lo ofrezco

(Vanse Lázaro y Jordán. Levántase Nabal de comer y quitan la mesa luego.)

Nabal   Canten, pues ya me dejas,
                imendigo pertinaz!

Músicos   «El dulce acento
                regala las orejas
                del que vive en el mundo tan contento
                que nada le fastidia

sino es la lengua de la ajena envidia.»

(Sale Jordán.)

Jordán   La música y comida
                  sus ojos sepultó en pesado sueño.
                  Él tiene linda vida.
                  Dejémosle dormir. ¡Oh, avaro dueño!,
                  ¿cuándo querrán los hados
                  que hagas limosna y pagues tus criados?
                      No es temeraria pensión
                  la que tengo, que acabando
                  de comer, le esté guardando
                  el sueño sin redención.

Nabal   ¿Qué me quieres ilusión?

Jordán   Parece que está soñando
                  o que está desvariando.
                  ¿Si es acaso borrachera?

Nabal   Nada de aquesto me altera.

Jordán   Entre sí está agonizando.

(Sale el Demonio con una culebra en la cabeza y asga al rico del pescuezo.)

Demonio   ¡Rico, rico!

Nabal   ¿Quién me llama
                  con tal espanto y violencia?

Demonio   Quien tomará residencia
                  a tu vida y a tu fama;

quien vidas hurta, y derrama
los tesoros que has guardado.
Mira en sueño reputado
el bien que esperas.

Nabal   Visión,
no acometas a traición
hombre que está descuidado.

Jordán   Prodigios estoy mirando.
¿Cómo me podré escapar?
Pero no me da lugar.
¡Ay de mí! Que estoy temblando.
Hacia mí se va llegando
[.........

....

....

....

.........]
            Esto me faltaba solo.
¿Qué he de hacer? Hacía mí viene.
¡Qué mala cara que tiene!
Parece imagen de Apolo.
¿Si pensando que soy bolo,
hoy me birlase al profundo?
Pero sin duda me hundo.
La bola quiero escurrir
que no pretendo partir
en tal posta al otro mundo.

Demonio   ¿Dónde vas?

Jordán (Aparte.)   (Aquí me llego.)
A Roma.

Demonio   Irás a otra parte.

Jordán   ¿Qué quieres?

Demonio   No más que ahogarte.

Jordán   ¿Por qué?

Demonio   Porque vayas luego
con tu amo al eterno fuego
a servirle.

Jordán   Ese convite
mi grande miedo no admite.

Demonio   Tendrás salario y ración.

Jordán   No quiero pagas que son
en moneda de alcrevite.

Demonio   Esto ha de ser.

Jordán   ¡Ay de mí!
Hecho una basura estoy.
Mira que rico no soy,
que lo es quien duerme allí.
¿No hay quien me socorra aquí?
Que es pobre Jordán, advierte.

Demonio   Quédate y llore su suerte
ese rico en mortal hielo;
que solo me manda el cielo
que a Nabal le dé la muerte

(Vase el Demonio.)

Nabal   ¡Qué triste y pesado sueño!
                   Hoy muero. Sí, no lo dudo.
                   La muerte quitarme pudo
                   un tesoro no pequeño.

Jordán   Sí, que el avaro no es dueño
                   de su hacienda.

Nabal   Esclavo es suyo,
                   y pues la vida concluyo
                   y mi dueño me negó,
                   no solo he visto que yo
                   esclavo soy pero cúyo.

Jordán   Mira y confía en Dios santo,
                   el que los cielos gobierna;
                   la temporal y la eterna
                   te aguarda en amargo llanto.
                   No estés obstinado tanto
                   ya que el oro te trató
                   como a esclavo, y te dejó
                   para que todo te sobre.
                   Manda repartirlo al pobre.

Nabal   Eso no lo diré yo.
                   Mi dueño fue mi avaricia;
                   mi riqueza fue mi dueño,
                   y agora con este sueño
                   va creciendo mi malicia;
                   porque es tanta mi codicia
                   que muero amándola yo.

Jordán   Bien tu mano la guardó.

Nabal   Gustó mi avaricia de ello,
                y en guardarle hice aquello
                que cuyo soy me mandó;
                   mas ya la gula me ha dado
                el fin que me prometía
                la tirana apoplegía.
                La voz al cuello me ha echado.

Jordán   Y es infierno dilatado
                su ancha boca.

(Ábrese la boca del infierno y echa llamas.)

Nabal   Sí, soy tuyo,
                dragón. Vesme aquí, no huyo.
                A ti voy; bien sé el camino
                pues quiere el cielo divino
                que no diga que soy suyo.

(Entra por la boca.)

Jordán   ¡Señora!, ¡Ana!, ¡Abigaíl!,
                ¡criados!, ¡gente!, a mi voz
                acudid, mirad que ha muerto
                mi desdichado señor.
                Con llanto le estoy mirando
                aunque no de compasión.
                Mi salario que debía
                consigo se lo llevó.
                ¡A dó está no iré a cobrarlo!,
                que en el reino de Plutón

está sin duda ninguna
por su mala inclinación.
¡Acudid presto que es tarde.

(Salen alborotados Ana, Abigaíl y Baltasar.)

Abigaíl   En efecto, que murió
Lázaro. ¡Cómo me pesa!

Jordán   ¡La flema que traen los dos!

Abigaíl   Jordán, ¿qué dices?

Jordán   Señora,
con impaciencia y furor
murió rabiando tu esposo.

Abigaíl   Téngala en el limbo Dios.

Jordán   Si está allá Lázaro el bueno,
mal podrán estar los dos.
Más adelante estará
con Caín y Faraón.
Él murió de apoplegía
y el diablo se le llevó.

Abigaíl   Digan las lágrimas mías
la pena del corazón.
¡Ay, esposo!

Ana   A las mercedes,
al regalo y el favor
que Dios te hace, ¿te muestras
tan ingrata?

Abigaíl   Si murió
                   mi dueño, ¿no es de sentir
                   su desdicha?

Jordán   ¡No! Es mejor
                   que celebramos el día
                   en que esta casa salió
                   del cautiverio de hambre,
                   de prisiones, de rigor
                   y avarienta tiranía.
                   Todo cuanto me debió
                   lo perdono de alegría.
                   Mas no le perdono yo
                   el susto que por su causa
                   he pasado. Tal estoy
                   que aun seguro no me juzgo
                   de una endiablada visión,
                   que ya muy poco que nos hizo
                   una visita a los dos.
                   Mostróse tan liberal
                   que quiso enseñarme hoy
                   a hacer pasos de garganta
                   sin haber sido cantor.
                   Con ella se fue mi amo.

Abigaíl   ¡Qué lástima, qué dolor.

(Sale José.)

José   ¿Qué voces son éstas, prima?

Abigaíl   ¡Ay, José, desdichas son!
                   Nabal es muerto, que a juicio

                    Dios eterno le llamó.

Jordán   Y dará tan mala cuenta
                     que no merezca perdón.

José   Tratemos de sepultarle

(Ruidos de truenos.)

Jordán   De gusto nos excusó,
                     que su cuerpo no parece.
                     Oye, señora, el rumor,
                     los relámpagos y truenos,
                     la tierra se estremeció.
                     Aun muerto ha sido avariento.
                     Por no gastar, se enterró
                     con el cuerpo y con el alma.

Abigaíl   ¿Qué he de hacer, mísera yo?

Jordán   Consolarte y darle gracias
                     al cielo que te sacó
                     del peor hombre del mundo,
                     de un tirano, de un Nerón.

Abigaíl   Misterios son de los cielos.

José   Di castigos.

Abigaíl   Eso no,
                     que debo hablar con respeto
                     del que fue mi esposo.

José   Y yo,

120

no digo menos, señora,
que así muestras tu valor.

Abigaíl   Vengan pobres a esta casa
donde respeto y temor
me impidieron la piedad.
Abierta está desde hoy.
Y tomen de las riquezas
que mi fortuna heredó.
Vengan todo mis criados.

(Vanse Abigaíl y José.)

Jordán   Pues el primero soy yo.

Ana   ¿De alegría no dijiste
que lo perdonabas?

Jordán   No.
Si lo dije por entonces
agora estoy de otro humor.

(Vanse. Salen el Demonio y Custodio, vestido de ángel, entrambos por distintas puertas.)

Demonio   En las esferas más bellas
de la gloria de Dios sola,
ángel fui y dragón entre ellas,
pues derribé con la cola
gran parte de las estrellas.
    Contra mi Autor me levanto
dando a los cielos espanto,
y pues el psalmista dijo
que hace el cielo regocijo

en la muerte de algún santo,
   haga fiestas el infierno
pues tiene tal huésped hoy;
que yo también me gobierno
a su imitación, que soy
émulo de Dios eterno.

Custodio   Hoy está el limbo gustoso
con la muerte de un leproso
que de hambre y sed se murió.

Demonio   ¿Por qué no he de estarlo yo
con un hombre poderoso?

Custodio   Y en nuestra competencia
llevamos hoy con justicia,
y ésta fue la diligencia:
tú un rico con avaricia
y yo un pobre con paciencia.

Demonio   Lázaro a vivir empieza.
y el rico entre su riqueza
en el fuego sepultado.
Hoy le verán coronado
las sierpes de mi cabeza.

(Descúbrese una boca de infierno y dentro el rico con una tunicela de demonio, echando llamas, y Custodio de un lado y el Demonio de otro.)

Custodio   Desde que naciste fui
tu custodio y compañía.
Buenos consejos te di.
Mi oficio acabó este día
dejándote, avaro, aquí.

122

Muchos ángeles llevaron
al limbo a Lázaro en hombros,
que así en la muerte le honraron
y a ti con miedos y asombros
demonios te sepultaron.

Demonio   Hombre rico, éste es el pago
que doy, porque al mundo asombre.
Bien dicen que yo me trago
las riquezas y que al hombre
guerras con ellas le hago.
    Tu vana y torpe locura
te trujo a esta sepultura.
Padece aquí eternos días
pues que en el mundo tenías
tiempo, lugar y ventura.

Custodio   Cielo pudiste comprar
con el oro, y de justicia
lo pudieras conquistar.
Adoraste tu avaricia,
hecho tesoro tu altar.
    Lázaro que te ha pedido,
dar puede ya, que ha venido
con esperanza del bien
al seno piadoso en quien
muchos hay que la han tenido.

Demonio   Censos son con fundamento
las limosnas que da el rico.
Tus riquezas llevó el viento
y así agora te predico
para darte más tormento.
    Hombres que ricos han sido,

buena ocasión han tenido
y, ¡dichosos los que dieron!
Todos salvarse quisieron,
pero pocos han sabido.

Custodio   Podrá preguntar, ¿a quién
hice mal que pena tal
me dan? Sabe que también
el hombre que no hace mal
está obligado a hacer bien.
 Los ojos de tu locura
allá en esa sepultura
verán el bien que perdiste
pues que vivo no supiste
gozar de la coyuntura.

(Descúbrese una capilla y Lázaro esté con una tunicela blanca, coronado de rosas, y los músicos cantan dentro.)

Músicos   Danos, cielo, tu rocío;
las nubes lluevan al justo.

Custodio   Considera el desvarío
de tu vida. Allí está el gusto.

Nabal   Y aquí está el tormento mío.

Custodio   Allí la música suena
que a tu comida y tu cena
dio el deleite lisonjero,

Demonio   Mira y padece, que quiero
prevenirte mayor pena.

Nabal   Custodio, a Lázaro envía.
                 Haz que mitigue esta llama
                 una gota de agua fría.

Custodio   En vano a Lázaro llama
                 quien sus puertas no le abría.

Demonio   Miserable y desdichado,
                 si agua o pan nunca le has dado,
                 ¿cómo pides y porfías
                 tú que en el mundo tenías
                 el pan y el vino sobrado?

Nabal   Vile padecer y creo
                 que quien tanto padeció
                 puede mucho, y como veo
                 el lugar que mereció,
                 puede hacer lo que deseo.

Custodio   Lázaro, que ha sido bueno,
                 descansa agora en el seno
                 de Abrahán. Si no has movido
                 la mano, ¿por qué has querido
                 verle de su gloria ajeno?

Nabal   Ya que venir no le dejas,
                 haz que vaya a predicar
                 al mundo, porque ablandar
                 pueda las duras orejas
                 de mis hermanos, y dar
                 aviso que estoy aquí.

Custodio   ¿Cómo está piadoso así
                 quien bruto fue racional?

Nabal

Por la pena accidental
que me pueden dar a mí.

Custodio

¿Allá tienen escritura
y profetas?

Nabal

Es más cierto
que dejarán su locura
si ven levantar un muerto
de su misma sepultura.

Custodio

A quien el vicio no quita
la ley y escritura santa,
mal dará gloria infinita
ver si un cuerpo se levanta
del sepulcro y resucita.

Nabal

¿Todo es imposible?

Custodio

Sí.

Nabal

Pues, muera siglos aquí,
blasfemando siempre yo
del Autor que me crió
y del día en que nací.

Custodio

Bárbaro, la boca cierra.

Nabal

Demonio, viles criaturas,
guerra al cielo, ¡guerra, guerra!

Custodio

Gloria al Dios en las alturas
y paz al hombre en la tierra.

Demonio

> Hombres, si avaricia y gula
> vuestros ánimos despierta,
> el rico ya miserable
> con premio igual os espera.

Custodio

> Yo por Lázaro os convido
> a las celestiales mesas.

Demonio

> A mi centro voy, a dar
> al rico tormento y penas.

(Vase el Demonio.)

Custodio

> Yo a mi esfera do nací
> a darle gracias inmensas
> al que es autor de la vida.
> Y aquí acabe la comedia
> de Nabal, cuyo prodigio
> escribió Mira de Amescua
> para escarmiento de muchos.
> Perdonad las faltas nuestras.

> Fin de la comedia

Libros a la carta

A la carta es un servicio especializado para

empresas,

librerías,

bibliotecas,

editoriales

y centros de enseñanza;

y permite confeccionar libros que, por su formato y concepción, sirven a los propósitos más específicos de estas instituciones.

Las empresas nos encargan ediciones personalizadas para marketing editorial o para regalos institucionales. Y los interesados solicitan, a título personal, ediciones antiguas, o no disponibles en el mercado; y las acompañan con notas y comentarios críticos.

Las ediciones tienen como apoyo un libro de estilo con todo tipo de referencias sobre los criterios de tratamiento tipográfico aplicados a nuestros libros que puede ser consultado en Linkgua-ediciones.com.

Linkgua edita por encargo diferentes versiones de una misma obra con distintos tratamientos ortotipográficos (actualizaciones de carácter divulgativo de un clásico, o versiones estrictamente fieles a la edición original de referencia). Este servicio de ediciones a la carta le permitirá, si usted se dedica a la enseñanza, tener una forma de hacer pública su interpretación de un texto y, sobre una versión digitalizada «base», usted podrá introducir interpretaciones del texto fuente. Es un tópico que los profesores denuncien en clase los desmanes de una edición, o vayan comentando errores de interpretación de un texto y esta es una solución útil a esa necesidad del mundo académico.

Asimismo publicamos de manera sistemática, en un mismo catálogo, tesis doctorales y actas de congresos académicos, que son distribuidas a través de nuestra Web.

El servicio de «libros a la carta» funciona de dos formas.

1. Tenemos un fondo de libros digitalizados que usted puede personalizar en tiradas de al menos cinco ejemplares. Estas personalizaciones pueden ser de todo tipo: añadir notas de clase para uso de un grupo de estudiantes, introducir logos corporativos para uso con fines de marketing empresarial, etc. etc.

2. Buscamos libros descatalogados de otras editoriales y los reeditamos en tiradas cortas a petición de un cliente.

9 788411 262019